HEYNE BIOGRAPHIEN

W0076510

Zum Autor

DERWENT MAY ist Romanschriftsteller, Kritiker und Literaturredakteur beim ›Listener‹. Er schrieb die Romane ›The Laughter in Djakarta‹ und ›Revenger's Comedy‹ (1979). Außerdem hat er eine Studie über Proust verfaßt (1983).

Derwent May

HANNAH ARENDT

Eine bedeutende Repräsentantin deutsch-jüdischer Kultur

Deutsche Erstausgabe

Wilhelm Heyne Verlag
München

HEYNE BIOGRAPHIE
12 / 191

Aus dem Englischen übersetzt
von Bernd Lenz

Titel der Originalausgabe:
Hannah Arendt

Umschlagfoto: Bildarchiv Preußischer Kulturbesitz, Berlin
Innenbilder: Bildarchiv Preußischer Kulturbesitz, Berlin;
Archiv für Kunst und Geschichte, Berlin; Ullstein, Bilderdienst, Berlin;
Süddeutscher Verlag, Bilderdienst, München;
Keystone Pressedienst, Hamburg
Umschlaggestaltung: Atelier Ingrid Schütz, München
Satz: Kort Satz GmbH, München
Druck und Bindung: RMO, München

ISBN 3-453-03795-2

Inhalt

Vorwort

Großen Dank schulde ich Frau Eva Beerwald, Hannah Arendts Stiefschwester, für die vielen Stunden, die ich bei ihr zu Hause in Muswell Hill in London verbringen durfte, um ihren lebendigen Erinnerungen an Hannah Arendts Zeit als junges Mädchen und als Frau in der Nachkriegszeit zuzuhören. Auch Mary McCarthy und ihrem Mann, James West, bin ich zutiefst dankbar für ihre Gastfreundschaft in Paris, aber auch für das herrliche und aufschlußreiche Bild, das mir Mary McCarthy von Hannah Arendt vermittelt hat. Außerdem haben mir Daniel Bell, Sir Isaiah Berlin, Paula Deitz, der Rabbi Albert Friedländer, David Green, Hans Jonas, Melvin J. Lasky, Shirley Letwin, Frederick Morgan, Lord Quinton und Helen Wolff unvergeßliche persönliche Eindrücke von Hannah Arendt gegeben.

Jeder, der heute etwas über Hannah Arendt schreibt, schuldet zwangsläufig Elisabeth Young-Bruehl tiefen Dank, die mit ihrer gewaltigen Biographie *Hannah Arendt: For Love of the World (Hannah Arendt. Leben, Werk und Zeit)* Pionierarbeit geleistet hat. Ich habe mich in meinem Buch auch auf Artikel von Jürgen Habermas, Hans Jonas, Judith N. Shklar, Sheldon Wolin und Elisabeth Young-Bruehl über Hannah Arendt bezogen, die in einer ihrem Andenken gewidmeten Sondernummer von *Social Research* (Frühjahr 1977) erschienen sind. Dabei handelt es sich um die Zeitschrift der New School for Social Research in New York, wo sowohl Hannah Arendt als auch ihr Mann lehrten; und ich habe verschiedene Artikel von Alfred Kazin, Robert Lowell, Mary McCarthy und Sheldon Wolin zitiert, die im *New York Review of Books* erschienen sind (13. Mai 1976, 22. Juni 1976, 24. Juni 1982 und 26. Oktober 1978). Ich habe mich auch auf drei Bücher über die literarische Szene in und nach dem Kriege in New York bezogen: Lionel Abels *The Intellectual Follies*, William Barretts *The Truants* und William Phillips' *A Partisan View*. Die von mir zitierten Bemerkungen W. H. Audens stammen aus dem *Encounter* (Juni 1959), die Martin Jays aus dem *Partisan Review* (Band 45/Nr. 3, 1978) und die Uwe Johnsons aus der *Frankfurter Allgemeinen Zeitung* (Dezember 1975). Philip French hat mir freundlicherweise die Niederschrift einer Sendung über Hannah Arendt zur Verfügung gestellt, die er am 11. Februar 1980 für das 3. Programm des Hörfunks der BBC gemacht hat; zu den Teilnehmern, deren Beiträge ich erwähnt habe, zählen Hans Jonas, Jerome Kohn und Elisabeth Young-Bruehl. Theodor Adornos Zitate sind seinem Buch *Minima Moralia* entnommen. Die anderen Bücher und Zeitschriften, auf die ich mich beziehe, habe ich im Text kenntlich gemacht.

Mein Dank gilt auch Lotte Kohler, die zusammen mit Mary McCarthy Hannah Arendts literarischen Nachlaß verwaltet und mir freundlicherweise Fotos zur Verfügung gestellt hat.

John Dunn, D. J. Enright, P. N. Furbank und meine Frau Yolanta haben das Manuskript dieses Buches gelesen, und ich bin ihnen für ihre wertvollen Kommentare sehr dankbar.

1

1906 – 1924:
Kindheit und Jugend in Deutschland

Johanna Arendt wurde in einer Zeit des Friedens und Wohlstands in Deutschland am 14. Oktober 1906 in Hannover geboren. Die Eltern der jungen Hannah – wie sie stets heißen sollte – gehörten einer Generation an, die aufgewachsen war, ohne je einen Krieg selbst mitgemacht zu haben. Deutschland war nach dem Erfolg Preußens im Deutsch-Französischen Krieg von 1870/71 geeint worden. Unter der Kanzlerschaft Bismarcks hatte es seine Macht gestärkt und sollte im Jahre 1914 die größte Industrienation in Europa sein. Die alten herrschenden Klassen klammerten sich noch immer an ihre Macht, doch gab es ein allgemeines Wahlrecht und Wohlfahrtseinrichtungen, die den anderswo existierenden weit überlegen waren. Die Sozialdemokratische Partei hatte zwar einen stark marxistischen oder kommunistischen Einschlag, fungierte aber als verfassungsmäßige politische Partei. Auch Hannah Arendts Eltern gehörten ihr an, doch sie vertraten eher gemäßigte politische Ansichten.

Paul und Martha Arendt stammten beide aus alteingesessenen jüdischen Familien in Königsberg, der Hauptstadt der Provinz Ostpreußen, einem ruhigen Ort an der Ostsee. Dorthin kehrten sie auch zurück, als Hannah Arendt drei war. Hier sollte sie bleiben, bis sie sich – noch keine zwanzig Jahre alt – fest entschlossen auf den

Königsberg:
Blick auf den Fischmarkt.
Foto 1906

Weg machte, um in einer größeren Welt, als sie ihr Königsberg bieten konnte, ihr Glück zu suchen. In Königsberg gab es zwar eine Universität, die Albertina, doch diese hatte den Glanz des 18. Jahrhunderts, als der Philosoph Immanuel Kant noch zu ihren Professoren zählte, längst verloren. Kants Denkmal in der Stadt wies Hannah Arendt jedoch den Weg.

Als kleines Kind scheint sie recht glücklich gewesen zu sein. Noch 1984 erinnerte sich ihre Stiefschwester Eva Beerwald an die Worte von Arendts Mutter: »Als Hannah klein war, mochte sie sehr gerne Kirschen. Jedes Jahr fing sie schon im Februar an zu fragen: ›Sind die Kirschen noch nicht reif?‹«

Doch die nächsten Jahre sollten für sie weniger glücklich verlaufen. Die Arendts kehrten nämlich nach Königsberg zurück, weil Arendts Vater an Syphilis erkrankt war. Vor seiner Heirat war er fest davon überzeugt, geheilt zu sein – und Hannah Arendt hatte auch bestimmt keine angeborene Syphilis. Doch plötzlich traten die Spätstadien auf, und Paul Arendt mußte seine Stelle in Hannover, wo er bei einer Firma für Elektrotechnik beschäftigt war, aufgeben. Sein Gesundheitszustand verschlechterte sich rapide, und im Sommer 1911 wurde er in Königsberg in eine psychiatrische Klinik eingeliefert. Dort starb Paul Arendt zwei Jahre später, also im selben Jahr wie sein Vater, Max Arendt, der während seiner Abwesenheit für Hannah Arendt seinerseits wie ein Vater gewesen war. Man schrieb das Jahr 1913, und Hannah war sieben Jahre alt. Alle, die sie gut kannten, bemerkten, daß sich in ihrem Inneren ein tiefer Schmerz eingenistet hatte.

Die Arendts waren Juden, doch hatte sich die Mehrzahl der gebildeten Juden in Königsberg und auch sonst überall in Preußen dem deutschen Leben mehr oder weniger angepaßt. Sie hielten sich für etwas Besseres als die armen Juden, oft die Ostjuden genannt, obgleich diese Bezeichnung zu ungenau ist, um die Unterschiede zu verdeutlichen, denn die Vorfahren vieler wohlhabender Juden kamen ursprünglich aus Rußland. Familien wie die Arendts hatten im täglichen Leben genau dieselben Interessen wie andere Deutsche aus der Mittelschicht, und viele von ihnen teilten die Vorliebe und Begeisterung für deutsche Kultur und Politik von ganzem Herzen.

In ihrem ersten größeren Werk, *The Origins of Totalitarianism*, sollte sich Hannah Arendt mit den Schwierigkeiten der Assimilation der Juden im 19. Jahrhundert in Deutschland befassen. Den Juden boten sich, so meinte sie, vor allem zwei Möglichkeiten: Entweder sie blieben aus der deutschen Gesellschaft ausgeschlossene Parias oder sie akzeptierten die wenig reizvolle Rolle von Parvenüs. Diese mußten Eigenschaften wie Unmenschlichkeit, Habgier, Unverschämtheit, kriecherische Unterwürfigkeit und Entschlossenheit, sich ins Zeug zu legen, beweisen, wenn sie Erfolg haben wollten.[1] Und selbst wenn sie es schafften, sich einer eher zweideutigen Zwischenrolle anzupassen, war ihre Situation nicht gerade angenehm: »Das Bedauern der Parias, es nicht zum Parvenü gebracht, und das schlechte Gewissen des Parvenü, das Volk verraten, seine Herkunft verleugnet und die Gerechtigkeit für alle gegen individuelle Vorrechte eingetauscht zu haben, bildeten seit Mitte des vorigen Jahrhunderts den Grundstock der sogenannten komplizierten seelischen Verfassung durchschnittlicher Juden.«[2] Wenn man allen Zweideutigkeiten der sozialen Existenz aus dem Wege gehen wollte, mußte man sich mit der Tatsache abfinden, »daß man als Jude immer entweder zu einer unterprivilegierten Masse oder zu einer überprivilegierten Oberschicht gehörte«.[3] In West- und Zentraleuropa konnte man dies nur aufgrund einer intellektuellen und etwas künstlichen Solidarität.

Diese scharfe und durchdringende Darstellung jüdischer Schwierigkeiten traf offensichtlich für viele der Juden im 19. Jahrhundert zu, die Arendt in ihrem Buch behandelte. Sie war zugleich Ausdruck einer Geisteshaltung, unter der sie selbst mit ihrem feinen moralischen Gespür später zutiefst leiden sollte. Wie ihre eigene Lösung aussah, werden wir noch sehen.

Hannah im Alter von acht Jahren mit ihrer Mutter,
Martha Arendt

Doch solch krasse Schwierigkeiten gehörten – auch das ist offensichtlich – nicht zum täglichen Los der meisten Juden, die Arendt in ihrer Kindheit kannte. Später gestand sie selbst: »[...] das Wort ›Jude‹ ist bei uns nie gefallen [...] Meine Mutter war nicht sehr theoretisch veranlagt [...] Und die [Juden-]Frage hat keine Rolle für sie gespielt.«⁴ Das soll nicht heißen, daß Hannah Arendt als Kind keinen Antisemitismus erlebte: »Sehen Sie«, so meinte sie später einmal, »der Antisemitismus ist allen jüdischen Kindern begegnet. Und er hat die Seelen vieler Kinder vergiftet.«⁵ Hannah Arendts Mutter war jedoch energisch und nüchtern hinsichtlich des Judentums der Familie. »Sie war selbstverständlich Jüdin! Sie würde mich nie getauft haben! Ich nehme an, sie würde mich rechts und links geohrfeigt haben, wäre sie je dahintergekommen, daß ich etwa verleugnet hätte, Jüdin zu sein.«⁶ Sie ermahnte Hannah Arendt einfach, sie solle, wenn einer ihrer Lehrer antisemitische Bemerkungen machte, aufstehen, nach Hause gehen und es ihrer Mutter überlassen, einen Rechtfertigungs- oder Beschwerdebrief zu schreiben. Handelte es sich aber um Äußerungen anderer Kinder, so mußte sie selbst damit fertig werden und durfte nichts davon zu Hause erzählen. »Und so sind diese Sachen«, wie sie selbst sagte, »für mich nie zum Problem geworden. Es gab Verhaltungsmaßregeln, in denen ich sozusagen meine Würde behielt und geschützt war, absolut geschützt, zu Hause.«⁷

Hannah Arendt kam auch gar nicht viel mit der jüdischen Religion in Berührung. Sie besuchte nur ein einziges Mal eine Synagoge, und das war ein Akt der Höflichkeit, denn sie stattete einer ihrer beiden Großmütter einen Besuch ab. Doch die ›Judenfrage‹ wurde natürlich damals in Königsberg wie überall diskutiert. Kurt Blumenfeld, ein bedeutender Zionist, der später für ihre Haltung in dieser Frage sehr wichtig werden sollte, war ein

Hannahs Vater, Paul Arendt *Hannahs Mutter, Martha*

Hannah als Baby mit Großvater Max Arendt

Freund ihres Großvaters und spielte mit ihr zu Hause bei den Arendts, als sie noch klein war.

Bei Kriegsausbruch im August 1914 floh die frisch verwitwete Martha Arendt mit ihrer Tochter Hannah und Tausenden von anderen Königsbergern nach Berlin. Die russische Armee war auf dem Vormarsch, und man befürchtete, Königsberg würde in ihre Hände fallen. Die Russen erlitten jedoch in der Schlacht von Tannenberg schreckliche Verluste und wurden zurückgeschlagen; noch vor Jahresende waren die Arendts wieder daheim. Martha Arendt verfügte von Haus aus über genug eigenes Geld, um sich – mit einem Zusatzverdienst aus der Vermietung von Zimmern – über Wasser halten zu können. Während des übrigen Krieges sollte das Leben in Königsberg fast so weitergehen wie in Friedenszeiten.

Hannah Arendt ging nun zur Schule und wurde gemäß den gelassenen Prinzipien Goethes unterwiesen, die das rechte Gleichgewicht zwischen innerer Entwicklung und der Beziehung zur Außenwelt zu vermitteln suchten. Dabei handelte es sich um eine Lebensanschauung, die im Universum eine prästabilierte Harmonie zwischen Mensch und Natur und zwischen den Menschen untereinander annahm. Dieser Anschauung zufolge waren andere Menschen »die Spiegel, die ihr Inneres zurückwerfen« und die dazu beitragen, daß ihr Inneres »deutlicher werden könnte« (Goethe).[8] Es ist unwahrscheinlich, daß Arendt ein solches Gefühl der Harmonie zwischen sich und der Welt erlebte. Schon sehr bald sollten gerade jene beiden deutschen Philosophen, die eine solche Weltsicht am entschiedensten angriffen, zu ihren Mentoren werden.

Nachdem es ihr zu Beginn des Krieges eine Zeitlang gesundheitlich schlecht gegangen war, entfaltete sie sich jedoch schnell im Unterricht, und ihre Begabung erregte Aufsehen. Sie entwickelte sich auch zu einem Mädchen von eindrucksvollem Aussehen: dichtes, dunkles Haar, ein langes, ovales Gesicht und strahlende Augen – »einsame Augen«, so nannte der junge Hans Jonas sie, als er Hannah Arendt im Alter von achtzehn Jahren kennenlernte.[9] Doch die Augen »leuchteten, wenn sie glücklich und aufgeregt war«, und hatten »tiefe, dunkle, weit entfernte Stellen der Innerlichkeit«, wie Mary McCarthy viele Jahre später meinte.

Als Hannah Arendt dreizehn war, im Jahre 1920, heiratete ihre Mutter wieder. Martha Arendts zweiter Mann, Martin Beerwald, war ein ziemlich ernster Königsberger Geschäftsmann mittleren Alters und gleichfalls Jude. Seine Frau war einige Jahre zuvor gestorben und hatte ihm zwei noch jugendliche Töchter hinterlassen, die damals zwanzigjährige Clara und die neunzehn Jahre alte Eva. Diese hat einmal von dem aufregenden neuen Leben gesprochen, das mit der Ankunft ihrer Stiefmutter in ihrem ruhigen, harmonischen Haushalt Einzug hielt. Plötzlich wimmelte es von temperamentvollen Menschen, von denen sich viele für die Politik der Sozialdemokraten interessierten, wie dies im übrigen auch Martha Arendt immer noch tat. Eva betrachtete Martha Arendt allmählich als ihre eigene Mutter, die ›Mutt‹, jene Person, die sie lehrte, menschliche Beziehungen zum ersten Mal zu verstehen und Freude an ihnen zu haben.

Doch zum Bedauern ihrer Mutter fand Hannah Arendt zu keiner Zeit am Leben der neuen Familie Gefallen. Vielleicht konnte sie dieses Leben nie als ihr eigenes ansehen. Die Gruppe der drei Mädchen harmonierte nicht besonders gut: Entweder taten sich Eva und Hannah gegen Clara zusammen oder aber Clara und Hannah gegen Eva. Trotzdem unternahmen sie vieles gemeinsam, machten beispielsweise Urlaub an der See, wo Hannah Arendt mit den Ostseefischern des Nachts auf Fischfang ging. Von Eva Beerwald und der sechzehnjährigen Hannah Arendt existiert ein Foto aus dem Jahre 1922, auf dem die beiden in ihrer Verkleidung für einen Maskenball zu sehen sind. Eva Beerwald trägt ähnlich wie der Junge in dem Schweizer Volkslied, der mit seinem Pinseläffchen betteln geht, eine Mütze und eine kurze Hose. In Wirklichkeit steckt in der Schachtel, die sie in der Hand hält, ein Sparschwein; Hannah Arendt hat sich gleichsam symbolisch als Zigarettenverkäuferin verkleidet und trägt einen hohen zylindrischen, zigarettenförmigen Hut. »Ach«, sagte Eva Beerwald ironisch und zärtlich zu mir, als sie zweiundsechzig Jahre später das Foto betrachtete, »sie muß damals schon geraucht haben.« Und Hannah Arendt muß dieses Kostüm trotz seines lustigen Aussehens in der Tat als Provokation gedacht haben, als Zeichen dafür, daß sie inzwischen ihre eigenen Wege ging. Später rauchte sie immer sehr stark, und zwar sowohl Zigarren und Pfeife als auch Zigaretten. Ihr Zimmer bei den Beerwalds verwandelte sie in einen kleinen Salon, brachte ihre Freunde mit und gründete einen »griechischen Kreis«, der – wie damals die deutschen Studenten – gemeinsam die Klassiker las.

Ungefähr zu dieser Zeit schrieb Hannah Arendt ihre ersten Gedichte, gewöhnlich kurze Verse, die in wenigen Worten und einem lässigen Rhythmus ein tiefes, oft verworrenes Gefühl in Worte zu fassen versuchten; Gedichte, die fest in der Tradition der deutschen Romantik verwurzelt, kunstvoll geschrieben, aber keineswegs besonders originell waren. Einige scheinen jedoch in ein oder zwei Zeilen von der jugendlichen Hannah Arendt zu sprechen, insbesondere ein Gedicht, das sie mit siebzehn Jahren verfaßte:

Was ich geliebt
Kann ich nicht fassen,
Was mich umgibt
Kann ich nicht lassen.[10]

Vielleicht kommt in diesem Gedicht beides zum Ausdruck, sowohl ihre verwirrte Liebe zu ihrer Mutter und zu ihrem Zuhause als auch ihr schuldbewußtes Sehnen, anderswo zu sein.

Wenn Hannah Arendt und ihre Freunde freilich in eine interessantere Welt eindringen wollten, dann sahen die meisten von ihnen Anfang der zwanziger Jahre diese nicht etwa in der Politik. Deutschland hatte nach dem Krieg seinen Kaiser in die Verbannung geschickt und sich als Republik rekonstituiert – als Weimarer Republik, benannt nach der Stadt Goethes und Schillers, wo die Verfassung entworfen wurde. Martha Arendt war keine Anhängerin des linken Flügels der Sozialdemokraten, der sich nun mit den Kommunisten zu einer Gruppe, den Spartakisten, zusammengeschlossen hatte. Doch als die Spartakisten 1919 einen Arbeiteraufstand anführten, nahm sie ihre Tochter in heller Aufregung zu einer Versammlung ihrer politischen Freunde mit und sagte ihr, dies sei ein historischer Augenblick. Die Regierung aber, die sich vorwiegend aus gemäßigten Sozialdemokraten zusammensetzte, trotzte dem Sturm, und zwei Spartakistenführer, Rosa Luxemburg und Karl Liebknecht, wurden ermordet. Deutschland kämpfte um seinen Fortbestand als parlamentarische Demokratie, doch nur wenige der sich befehdenden Politiker erfreuten sich beim Volk eines hohen Ansehens. Viele zogen sich sogar den tiefen Haß des einen oder anderen Teils der Nation zu. Die beißenden Karikaturen, die George Grosz von Politikern und Geschäftsleuten der Weimarer Zeit entwarf, bringen die Verachtung der Radikalen für diese Leute zum Ausdruck: eine Verachtung, die viele junge Menschen teilten, selbst wenn sie nicht unbedingt radikal gesinnt waren. Hannah Arendt meinte in späteren Jahren dazu, daß ihnen George Grosz' Karikaturen nicht wie Satiren, sondern wie realistische Reportagen erschienen seien; sie

George Grosz:
Die Republik ein Spatzenschreck. Federzeichnung um 1920

hätten diese Typen gekannt und sich gefragt, ob man für die auf die Barrikaden gehen sollte.

Nur wenige Jahre später sollte die Politik jedoch eine größere Rolle spielen. Was Hannah Arendt und die nachdenklicheren ihrer Freunde damals freilich mehr in Aufregung versetzte, waren Berichte über zwei Philosophen, die nun an deutschen Universitäten lehrten: Karl Jaspers in Heidelberg und Martin Heidegger in Marburg.

Diese Lehrer faszinierten die jungen Leute vor allem deswegen, weil sie sich nicht bloß damit zufriedengaben, eine akzeptierte, beruhigende Philosophie des Universums zu interpretieren. Lehrer wie die letzteren waren damals an deutschen Universitäten in Hülle und Fülle anzutreffen. Jaspers und Heidegger dagegen waren höchst originelle Denker, die eine Verbindung herstellen wollten zwischen der Philosophie und den harten, echten Problemen, wie sie sich einem jeden stellten, der die wahre Natur seiner Existenz in dieser Welt zu verstehen suchte. Vor allem waren diese beiden Männer unbequeme Denker und boten all denen, die ihnen Gehör schenkten, keinerlei Gewähr auf einen garantierten Platz im Universum. Im Jahre 1946 schrieb Hannah Arendt in der New Yorker Zeitschrift *Partisan Review* einen rückblickenden Artikel mit dem Titel ›Was ist Existenz-Philosophie?‹. Dieser Name hatte sich inzwischen für jene Richtung deutschen Denkens eingebürgert, der diese beiden Philosophen angehörten. In ihrem Artikel erklärte Arendt, der mit Jean-Paul Sartre verbundene ›Existentialismus‹ sei eine französische literarische Bewegung des vergangenen Jahrzehnts, während die Existenzphilosophie eine mindestens hundertjährige Geschichte habe. Als Hauptquelle für viele Ideen diente der dänische Denker des 19. Jahrhunderts Søren Kierkegaard mit seiner Konzeption der ›Angst‹ als der zwangsläufigen Antwort des mit der Ungewißheit einer Existenz Gottes konfrontierten

Marburg an der Lahn:
Blick auf Schloß und Universität. Foto um 1931

Menschen. Arendt hingegen vertrat folgende Ansicht: Die Existenzphilosophie »bestimmte das Wesentliche des Bergsonschen Denkens und der sogenannten Lebensphilosophie, bis sie schließlich im Nachkriegsdeutschland mit Scheler, Heidegger und Jaspers zu einem bisher nicht übertroffenen Bewußtsein dessen kam, worum es moderner Philosophie eigentlich geht«.[11]

Wenn wir uns auf Arendts Äußerungen in diesem Artikel stützen, können wir behaupten, daß die Existenzphilosophie den Menschen mitten hinein in eine Welt stellt, in der er sich auf nichts mehr verlassen kann, in der nicht mehr das ›Ganze‹ existiert, sondern nur noch der ›Einzelne‹, der individuelle Mensch. Diese Philosophie setzt allen früheren Vorstellungen vom Universum als einem erkennbaren Ganzen die verlorene, einsame Person gegenüber, die sich nur eines einzigen gewiß sein kann, nämlich ihrer Existenz. Sie betrachtet alle alten philosophischen Fragen als Probleme, die sich nicht objektiv beantworten lassen, sondern von jedem Individuum nur subjektiv verstanden werden können. Damit ist sie »die erste absolute und ohne alle Kompromisse weltliche Philosophie. Das Sein des Menschen wird als ›In-der-Welt-Sein‹ bestimmt« – ein schrecklicher Zustand, eigentlich ein Zustand des »Nicht-zu-Hause-Seins in der Welt«, der allerdings die Aufgabe um so reizvoller macht, »sich in derselben zu halten«.[12]

Das waren für Hannah Arendt und viele Menschen ihrer Generation verführerische Vorstellungen, und gerade die Melancholie, die solche Vorstellungen vermutlich hervorriefen, muß bei ihr auf Gegenliebe gestoßen sein. Deshalb ging sie, finanziell von der Familie ihres Vaters ein wenig unterstützt, im Anschluß an ihr Abitur im Herbst 1924 nach Marburg, um Martin Heideggers Schülerin zu werden. Und dort, in den Hörsälen, verliebte sie sich in ihn und er sich in sie.

2

1924–1933:
Aus der Abgeschiedenheit in die Politik

Als Hannah Arendt Martin Heidegger zum ersten Mal begegnete, war dieser fünfunddreißig Jahre alt, verheiratet und Vater zweier junger Söhne. Heidegger, Sohn des Küsters der katholischen Kirche zu Maßkirch im Schwarzwald, war im katholischen Glauben erzogen worden, jedoch kein Katholik mehr, als Hannah Arendt ihn kennenlernte. Er war brillant, allerdings sowohl im Beruf als auch im Privatleben ein vorsichtiger Mensch, hatte kleine forschende Augen, die die Leute häufig zu Kommentaren veranlaßten, und schien außerdem auch ziemlich eitel und gehemmt zu sein. Er war nämlich klein geraten und bestand immer darauf, im Sitzen fotografiert zu werden, damit dies weniger auffiel.

Als Arendt Heideggers Lehrveranstaltungen besuchte, arbeitete er gerade an den Ideen, die sich in seinem Hauptwerk *Sein und Zeit* wiederfinden, einem Werk, das 1927 erscheinen sollte. Die Studenten fanden es bisweilen unmöglich, seinen Gedankengängen zu folgen. Doch die besten von ihnen spürten, daß sie, wenn sie ihm zuhörten und mit ihm redeten, denken lernten, und zwar nicht etwa tote Gedanken, sondern, wie Hannah Arendt selbst bezeugt, »die Vorstellung von einem *leidenschaftlichen* Denken, in dem Denken und Lebendigsein eins werden«.[1]

Heidegger war für Hannah Arendts Jugend, ihre Schönheit und ihren Verstand empfänglich. Viele Jahre später eröffnete er ihr, sie sei es gewesen, die sein Denken in dieser Zeit, Mitte der zwanziger Jahre, inspiriert habe, und dies sei seine »am meisten erregendste, gesammelte und ereignisreiche Zeit«[2] gewesen. Mehrere Monate waren sie sehr intim befreundet. Er schrieb ihr etliche Briefe und verfaßte Gedichte für sie, und sie trafen sich gewöhnlich in der Dachstube, in der sie wohnte. Eines von Hannah Arendts Gedichten aus dieser Zeit handelte von ihrer erfreulichen, verbotenen Liebe, die nicht »des Priesters Hand verdorre«.[3] Beiden wurde jedoch bald klar, daß sie ihr heimliches Verhältnis auf keinen Fall aufrechterhalten konnten. Es stand auch ganz außer Frage, daß Heidegger seine Stellung aufgeben oder seine Familie im Stich lassen würde.

Martin Heidegger

Nachdem sie sich getrennt hatten, verfaßte Hannah Arendt im Sommer 1925 für Heidegger eine Beschreibung von sich selbst, die sie *Die Schatten* nannte. Darin ging sie der Frage nach, was ihr dieses Verhältnis bedeutet hatte, und sie zollte Heidegger auch ihre Anerkennung. In der Geschichte, die in der Konzeption äußerst abstrakt ist, spricht Arendt von sich in der dritten Person, doch schafft sie es, alles, was sie gefühlt hatte, höchst wortgewandt und ergreifend zum Ausdruck zu bringen. Nach ihrer glücklichen Kindheit sei sie, wie sie erklärt, lange Zeit abgestumpft und von sich selbst eingenommen gewesen, habe Dinge wahrgenommen, aber nicht mit Gefühlen auf sie reagiert, und in dieser Geisteshaltung habe sie sich selbst einen Schutz gebaut. Heidegger habe sie von diesem Bann erlöst, so daß die Welt für sie wieder farbenprächtig, faszinierend und geheimnisvoll geworden sei. Doch jetzt sei all ihre Angst wieder da, und es fehle ihr die gewohnte Entfremdung, die sie beschützt habe. Mit dieser Qual leben zu müssen, sei ein weitaus schlimmerer Bann. Würde sie sich wohl je wieder davon befreien können?

Dies ist ein trauriges Zeugnis, aber angesichts der Ereignisse kann man meiner Meinung nach behaupten, daß ihr das Verhältnis letzten Endes wirklich einen neuen Zugang zum Leben eröffnen sollte, wenn auch nicht sofort und keineswegs ohne Mühe. Heidegger sollte sie erneut, vielleicht sogar noch viel tiefer, enttäuschen, als er sich mit den Nazis verbündete; trotzdem hörte Arendt nie auf, ihn zu verehren. Viele ihrer späteren Äußerungen über die Liebe müssen sich auf diese Zeit beziehen. Ein Satz des Augustinus, der in seiner Formulierung sehr an Heidegger erinnert, wurde zu einem ihrer Lieblingssprüche: »Liebe heißt: Ich will, daß du *bist*.« Und eine kurze Passage über die Liebe aus ihrem Buch *The Human Condition*, das sich ansonsten nicht viel mit diesem Thema beschäftigt, scheint sich gleichfalls auf die Erkenntnis zu stützen, die sie aus ihrer Liebe zu Heidegger gewann. Liebe, so meinte sie, sei zwar eine der seltensten Begebenheiten im menschlichen Leben, besitze aber eine unübertroffene Kraft der Selbstoffenbarung und eine unübertroffene Klarheit für die Enthüllung des *Wer*, gerade deshalb, weil sie sich bis zum Punkt der Nicht-Weltlichkeit nicht für das *Was* der geliebten Person interessiere, für seine Vorzüge und Fehler genauso wenig wie für seine Leistungen, Schwächen und Verstöße. »Die Liebe ist ihrem Wesen nach nicht nur weltlos, sondern sogar weltzerstörend, und daher nicht nur apolitisch, sondern sogar antipolitisch – vermutlich die mächtigste aller antipolitischen Kräfte.«[4]

Hannah Arendts eigene Schriften von Bedeutung sollten bis zum Ende ihres Lebens keineswegs Philosophie der Art sein, wie sie sie bei Heidegger gelernt hatte, doch ist sein Einfluß in ihrem Werk sehr deutlich zu spüren. Heideggers Rückwendung zu den griechischen Philosophen und sein Ringen um die genaue Etymologie ihrer Worte, um zu der ersten, noch frischen Ahnung vom Wunder und Schrecken des Seins zurückzugelangen, entsprechen Arendts Versuchen, antikes griechisches Denken nachzuschaffen und darauf eine neue, belebende Sicht der Politik in ausgesprochen existentialistischen Begriffen zu gründen. Heideggers Grundstimmung des Staunens allein schon über die Tatsache der Existenz, wie sie sich in all seinen Schriften findet, scheint mit Arendts persönlichem, durch ihre Bekanntschaft und Liebe zu Heidegger bedingtem Wiedererwachen zu verschmelzen und sich in der originellen, herausfordernden Art niederzuschlagen, mit der sie schließlich an alle Fragen heranging.

Am Ende des akademischen Jahres verließ sie Marburg, weil sie spürte, daß sie dort unmöglich länger blei-

Die Universität Heidelberg. Foto um 1935

ben konnte. Nach einem Semester in Freiburg setzte sie
dann ihr Studium in Heidelberg fort. Im ersten Jahr an
der Universität hatte ihr Geliebter sie ganz in Anspruch
genommen, doch in der lebendigen Atmosphäre dieser
alten Universitätsstadt schuf sie sich nun allmählich
einen größeren Freundeskreis. Dazu zählte auch Hans
Jonas, der gleichfalls von Marburg nach Heidelberg ge-
wechselt war. Er hat ihr Talent, Freundschaften zu schlie-
ßen, gerühmt, was in seinem Fall – wie auch bei vielen
anderen der in Deutschland begründeten Freundschaften – bis zu ihrem Tode andauerte. Jonas konnte sich
auch an ihre erste Begegnung »in Bultmanns Seminar
über das Neue Testament« erinnern, »wo wir beiden die
einzigen Juden waren«. Rudolf Bultmann war Theologe
in Marburg, und mit Arendts Besuch seiner Seminare ist

eine für sie typische Geschichte verknüpft. So, wie ihre Mutter es sie gelehrt hatte, teilte sie Bultmann, als sie um die Zulassung nachsuchte, mit, daß »es keine antisemitischen Bemerkungen geben darf«. Bultmann versicherte ihr behutsam, daß, falls antisemitische Äußerungen fallen sollten, »wir zwei schon mit der Situation fertig werden«.[5] Solche Momente vermittelten Jonas wohl schon in diesen ersten Tagen einen Eindruck von ihrer absoluten

Karl Jaspers

Entschlossenheit, sie selbst zu sein, verbunden mit einer Hartnäckigkeit, dies trotz einer großen Verletzlichkeit auch durchzustehen.

Hannah Arendt hatte in Heidelberg auch noch andere Liebhaber: Erwin Loewenson, einen Schriftsteller aus Berlin, und den jungen Wissenschaftler Benno von Wiese. Als Eva Beerwald, die sich inzwischen als Zahntechnikerin ein eigenes Geschäft aufbaute, im Sommer 1928 bei Hannah Arendt in Heidelberg ihren Urlaub verbrachte, machte diese auf sie einen sehr glücklichen Eindruck, und das, obwohl man sie gerade aus ihrem Zimmer geworfen hatte, weil sie mit ihrer Zigarettenraucherei die Gardinen ruiniert hatte. Eva Beerwald erinnert sich daran, wie sie wiederum Kirschen aßen und Hannah Arendt ihre so schnell hinunterschlang, daß sie mit einem Pfund schon fertig war, ehe die anderen richtig angefangen hatten. Mary McCarthy fielen auf einigen Fotos aus dieser Zeit besonders Hannah Arendts Füße auf. Sie wiesen schon damals jene Eigenschaften auf, die die amerikanische Schriftstellerin später so bewunderte: »bezaubernde Knöchel, vornehme Füße [...], [die] Schnelligkeit, Entscheidungskraft ausdrückten. Man brauchte sie nur während eines Vortrags am Rednerpult zu beobachten, um von diesen Füßen, Waden und Knöcheln fasziniert zu sein, die mit ihren Gedanken Schritt zu halten schienen«, während sie sich hin und her bewegte.

Die wichtigste Person, die Hannah Arendt in Heidelberg kennenlernte, war jedoch wahrscheinlich Karl Jaspers, jener andere Meister der Existenzphilosophie und Arendts Professor. Jaspers war zwar sechs Jahre älter als Heidegger, aber von dem Jüngeren stark beeinflußt worden. Beruflich war er zunächst Neuropathologe in der psychiatrischen Klinik von Heidelberg gewesen und erst später zur Philosophie gekommen. Für Hannah Arendt war er bald wie ein Vater. Wie Heidegger testete auch

*Mit ihrem ersten Ehemann
Günther Stern um 1929*

*Hannahs zweiter Ehemann,
Heinrich Blücher*

Hannah mit Heinrich Blücher, um 1950

Jaspers seine Ideen leidenschaftlich gerne an klugen Studenten, als er an seinem Hauptwerk, der 1932 erscheinenden *Philosophie*, arbeitete.

Jaspers und Heidegger teilten zwar grundlegende existentialistische Überzeugungen, doch in Jaspers Lehre und Schriften war ein anderer Ton zu spüren. Heidegger wollte die Menschen zu einem vollständigen, authentischen Bewußtsein ihres Seins in diesem nicht notwendigerweise existierenden Universum zurückführen; sein Ausblick blieb jedoch düster. Die moderne Technologie verwandelte die Menschen seiner Meinung nach in geistlose und mechanische Wesen, die dem eigentlichen Sinn ihres Seins völlig entfremdet waren, weil die Technologie sie in ihre eigenen geistlosen Systeme integrierte. – Hier nickte Heidegger über eine ideologische Kluft hinweg Karl Marx und einer neuen Generation deutscher Marxisten zu, die sich in ähnlicher Weise um den modernen Menschen sorgten, jedoch eine ganz andere, gänzlich politische Erklärung und Lösung darboten.

Darüber hinaus war Heideggers Denken von der Idee des Todes durchdrungen, jenem endgültigen Nichts, das alle Menschen trifft, ob sie sich nun der Herausforderung des Nichts, in das hinein sie geboren werden, stellen oder nicht.

Jaspers ging diese Misere des Menschen optimistischer und guten Mutes an. Hannah Arendt hielt ihn zwar nie für einen so profunden und entschlossenen Denker wie Heidegger, doch vom Wesen her fühlte sie sich schon bald sehr wohl bei ihm. Jaspers schien immer den Eindruck zu vermitteln, nicht nur unerschrocken, sondern ausgesprochen begeistert über die Freiheit zu sein, die dem Menschen durch seine Existenz in einem leeren Universum gegeben war. Die Tatsache, daß keine Autorität, keine endgültige Wahrheit existierte, bescherte den Menschen sowohl das Abenteuer, ihre eigene Wahrheit zu entdecken, als auch das Abenteuer, sich anderen Menschen zuzuwenden, um ihre Gedanken und Entdeckungen zu teilen. Denkt für euch selbst, doch versetzt euch bei eurem Denken auch in die Lage eines jeden anderen Menschen, das lehrte Jaspers seine Studenten. Er besaß Großzügigkeit, mitfühlende Phantasie und ein sich kräftig entwickelndes Gefühl für die Möglichkeiten der Menschen, wenn sie gemeinsam dachten und diskutierten; all das ging Heidegger ab. Jaspers' Einfluß zeigt sich an einigen von Arendts späteren vorzüglichen Bemerkungen, beispielsweise in dem aus dem Jahre 1955 stammenden Essay über den jüdischen Katholiken Waldemar Gurian. Dort heißt es, daß sich die Menschen im Kampf der Ideen, in der Nacktheit der Konfrontation, über ihre Bedingungen und Schutzvorrichtungen frei emporschwingen, entzückt über ihre Souveränität, und nicht verteidigen, sondern ohne jegliche Verteidigung bestätigen, *wer* sie sind. Bei Jaspers zu Hause redete und diskutierte Hannah Arendt mit vielen Wissenschaftlern und Studenten und erlebte dort vielleicht zum ersten Mal jenes Entzückt-Sein über die Souveränität.

Von Jaspers betreut, verfaßte Arendt ihre Dissertation, in der sie, wie sie sich entschieden hatte, die Idee der Liebe im Denken des Augustinus untersuchen wollte. Sie vollendete und publizierte die Arbeit im Jahre 1929, als sie gerade erst dreiundzwanzig Jahre alt war, unter dem Titel *Der Liebesbegriff bei Augustin*. Es ist eine nüchterne, systematische Studie, die die verschiedenen Liebesbegriffe des Augustinus zur menschlichen Zeiterfahrung in Beziehung setzt. Der größte Wert dieser Arbeit bestand für Arendt wahrscheinlich darin, daß sie auf diese Weise frühchristliche Vorstellungen der Tugend und des politischen Lebens näher kennenlernte, was ihr dabei half, ihre eigenen Ideen zu gegebener Zeit in *The Human Condition* schärfer zu definieren.

Im Jahre 1929 heiratete Hannah Arendt auch zum ersten Mal, und zwar einen gleichfalls hochintelligenten jungen deutschen Juden, Günther Stern, einen freundlichen Mann, den Sohn zweier fortschrittlicher, in Deutschland allgemein bekannter Kinderpsychologen. Sie hatte ihn 1925 in Marburg kennengelernt und traf ihn dann im Januar 1929 bei einem Maskenball in Berlin wieder, wo sie sich – provozierend wie immer – als arabisches Haremsmädchen verkleidet hatte. Arendt und Stern lebten mehrere Monate zusammen in Berlin, wo er ihr bei der letzten Überarbeitung ihrer Dissertation half; im September heirateten sie dann. Arendts Mutter mochte ihren neuen Schwiegersohn sehr und hegte die große Hoffnung, daß die beiden Kinder haben würden; doch die Ehe sollte nur wenige Jahre halten.

Kurz nach ihrer Heirat siedelten Hannah Arendt und Stern nach Frankfurt über, wo Stern seine Habilitationsschrift einreichen wollte. So kam Hannah Arendt zum ersten Mal mit einer Gruppe marxistischer Denker in Kontakt, mit der Kritiker sie in späteren Jahren häufig in Zusammenhang brachten, obwohl sie anfangs mit dieser Gruppe bestimmt nur wenig gemeinsam hatte. Ihre Mitglieder stützten sich auf das erst kurz vorher gegründete Institut für Sozialforschung und sollten sich als ›Frankfurter Schule‹ einen Namen machen. Zu denen, die später Berühmtheit erlangten, zählen unter anderem Max Horkheimer, Theodor Adorno und Herbert Marcuse sowie der Literaturkritiker Walter Benjamin. Ihr Hauptanliegen bestand darin, auf marxistischer Grundlage die Auswirkungen kapitalistischer Wirtschaftsverhältnisse auf Kultur und Denken zu untersuchen. Sie alle glaubten, daß die bürgerlich-kapitalistische Gesellschaft Angestellten und Arbeitern verschiedene Spielarten einer rigiden geistigen Tyrannei aufzwang. Sie vertraten weiterhin die Ansicht, eine marxistische Gesellschaft würde der Flexibilität und

Phantasie des menschlichen Geistes größere Freiheit einräumen. In dieser Hinsicht vermittelte ihnen nämlich die Gesellschaft des 20. Jahrhunderts ein Gefühl der Enttäuschung, das sich, wie wir bereits erwähnt haben, in vielen Punkten mit dem der Existentialisten deckte. In politischer Hinsicht hielt jedoch die Frankfurter Schule Heidegger und seine Schüler für naiv und gefährlich: naiv, weil sie die gesellschaftlichen und wirtschaftlichen Ursachen dieser Entfremdung des menschlichen Denkens nicht erkannten, und gefährlich insofern, als ihre Ideen nur allzu leicht mit der faschistischen Verehrung des Helden und Übermenschen verschmelzen konnten.

Als sich später der Frankfurter Kreis größtenteils in Amerika wiederfand – wie im übrigen auch Hannah Arendt selbst –, konnte man noch deutlicher spüren, in welcher Weise die Ideen dieser beiden Gruppen deutscher Denker konvergierten, besonders, als sich die ›Frankfurter Schule‹ gegen den Sowjetkommunismus wandte und sich die marxistische Basis ihres Denkens abschwächte. Ruft man sich in Erinnerung, welch großen Wert Jaspers konkurrierenden Denkvorstellungen beimißt, selbst wenn eine endgültige Wahrheit nie erreicht werden kann, dann ist es aufschlußreich und auch etwas amüsant nachzulesen, was Adorno, das scharfsinnigste Mitglied der Frankfurter Schule und Jaspers' früherer ideologischer Gegner, im Jahre 1944 schrieb. In seinen *Minima Moralia* vertritt er die Ansicht, nichts sei für einen Intellektuellen unschicklicher als der Wunsch, in der Diskussion recht zu behalten. Gerade dieser Wunsch, recht zu haben, sei Ausdruck jenes Geistes der Selbsterhaltung, den zu überwinden zu den vorrangigsten Anliegen der Philosophie gehöre [...] Wenn Philosophen, die allgemein dafür bekannt seien, nur mit Mühe schweigen zu können, sich in ein Gespräch einließen, sollten sie sich immer bemühen, in der Diskussion zu unterliegen, jedoch auf eine solche Art, daß sie ihren Gegner der Unwahrheit überführten. Es solle ihnen nicht darum gehen, absolut korrekte, unwiderlegbare, wasserdichte Überzeugungen zu haben – diese würden nämlich unweigerlich auf Tautologien hinauslaufen –, sondern Einsichten, die die Frage nach der Rechtmäßigkeit ihrem eigenen Urteil überantworteten.

Das kam inhaltlich, wenn auch nicht in der Art der Formulierung, Hannah Arendts späterer Position sehr nahe, genauso wie Adornos – aus denselben Jahren stammendem – Lob auf die Freiheit des Intellektuellen von akademischem und journalistischem Konformismus. Ein Blick, der sich von den ausgetretenen Pfaden abwende, ein Haß auf die Brutalität, eine Suche nach neuen Vorstellungen, die noch nicht vom allgemeinen Modell umschlossen seien, das sei die letzte Hoffnung für das Denken. In einer intellektuellen Hierarchie, die einen jeden ständig widerlegbar mache, könne nur die Unwiderlegbarkeit die Hierarchie direkt bei ihrem Namen nennen. Diese Unabhängigkeit, diese Unwiderlegbarkeit, war etwas, was sich Hannah Arendt ihr ganzes Leben lang erhalten sollte.

In diesem Augenblick war sie jedoch Adorno besonders feindlich gesonnen, und zwar eher aus persönlichen Gründen als wegen der unterschiedlichen philosophischen Basis ihrer Ideen. In Frankfurt hatte man Günther Stern geraten, eine Arbeit über die Philosophie der Musik vorzulegen. Dies war nun allerdings gerade eines von Adornos Spezialgebieten, und als Stern einen Entwurf seiner Arbeit einreichte, lehnte Adorno, der zu den Gutachtern zählte, ab.

Stern mußte außerdem der Tatsache Rechnung tragen, daß es, selbst wenn er an seiner Habilitation festhielt, aufgrund des wachsenden Einflusses der Nazis für einen Juden immer schwieriger werden würde, an einer deutschen Universität eine Dozentenstelle zu erhalten.

Schließlich versuchte er sich als Journalist und berichtete, zunächst in Berlin, über literarische und kulturelle Angelegenheiten. Sein ganzes Leben lang war er dann unter dem Namen Günther Anders als Journalist und Schriftsteller tätig (im übrigen lebt er heute, im Jahre 1989, immer noch). Hannah Arendt zeigte jedoch keinerlei Neigung, Adorno zu verzeihen, daß er einer akademischen Laufbahn ihres Mannes im Wege gestanden hatte.

Sie selbst hatte inzwischen ein kleines Forschungsstipendium erhalten und begann mit der Untersuchung eines neuen, sie interessierenden Themas, den deutschen romantischen Dichtern und Denkern des 19. Jahrhunderts. Sie war auch Kurt Blumenfeld, dem alten Freund ihres Großvaters, wiederbegegnet und entwikkelte unter seiner Führung allmählich ein Interesse am Zionismus – schließlich zwangen die Nazis sie, über ihre eigene Position als Jüdin in Deutschland nachzudenken. Diese neuen Interessen schmolzen immer stärker in ihrer Vorstellung, als sie anfing, die Briefe der deutschen Jüdin Rahel Varnhagen zu lesen, die Ende des 18. und zu Beginn des 19. Jahrhunderts lebte. Dies veranlaßte sie, abgesehen von ihrer Dissertation, ihr erstes Buch zu schreiben, eine höchst eigenartige Biographie mit dem Titel: *Rahel Varnhagen. Lebensgeschichte einer deutschen Jüdin aus der Romantik.*

Rahel, mit vollem Namen Rahel Levin, wurde im Jahre 1771 als Tochter eines reichen jüdischen Kaufmanns in Berlin geboren. Sie war in der damals liberalen Atmosphäre eine stadtbekannte Berliner Figur, weil sie als noch junge Frau in der Dachstube ihres elterlichen Hauses einen Salon unterhielt, in dem sich alle angesehenen Intellektuellen Berlins einfanden. Sie hatte zwei intensive, jedoch unglückliche Liebesaffären, die eine mit einem sehr konventionellen deutschen Grafen und die andere mit einem Diplomaten der spanischen Gesandtschaft.

Die Napoleonischen Kriege sprengten jedoch ihren Freundeskreis, der deutsche Adel entwickelte einen immer stärker werdenden Antisemitismus, und Rahel spürte schließlich höchst schmerzlich den gesellschaftlichen Nachteil, eine Jüdin zu sein. Deshalb änderte sie ihren Namen in Rahel Robert um.

1814 ließ sie sich im Alter von dreiundvierzig Jahren taufen und heiratete den vierzehn Jahre jüngeren August Varnhagen, einen erfolglosen Schriftsteller und in seinen eigenen Worten ein »Bettler am Wege«. Er glaubte, inspiriert von ihrer Brillanz und unterstützt von ihren Verbin-

Theodor W. Adorno

dungen, sein Leben erfolgreicher gestalten zu können – was ihm auch gelang, denn letzten Endes wurde er Diplomat. Außerdem gab Rahel Varnhagen, die zeit ihres Lebens über ihre innersten Gefühle und Freundschaften Tagebuch geführt und ihren Freunden in Briefen darüber berichtet hatte, ihrem Mann die Erlaubnis, Auszüge daraus zu publizieren und sich dadurch einen Namen zu machen. Rahel Varnhagen schaffte es nie wieder, ihre frühere Position in der deutschen Gesellschaft zurückzugewinnen, doch vor ihrem Tod im Jahre 1833 akzeptierte sie schließlich ihr Judentum, dem sie sich zuvor immer verweigert hatte, besonders, nachdem sie sich mit dem jungen jüdischen Dichter Heinrich Heine angefreundet hatte. Dieser wollte seine Stimme, die er im Interesse der Juden erhob, in den deutschen Biersälen und Palästen widerhallen hören. Rahel Varnhagen bekannte sich offen zu ihrem Volk und identifizierte sich mit der Sache der jüdischen Freiheit und Gleichheit vor dem Gesetz. »Was so lange Zeit meines Lebens mir die größte Schmach, das herbste Leid und Unglück war, eine Jüdin geboren zu sein, um keinen Preis möcht' ich das jetzt missen.«[6]

Wer Hannah Arendt kannte, sah in dieser Geschichte ein Gleichnis ihres bisherigen Lebens. Sie selbst meinte zwar, das Buch sei ein Versuch, Rahel Varnhagens Geschichte so zu erzählen, wie diese selbst sie vielleicht erzählt hätte, doch überall klingt es so, als meine Arendt sich selbst. Nirgendwo macht sie Anstalten, einen Hintergrund oder eine Atmosphäre zu schaffen bzw. eine der Figuren zum Leben zu erwecken. Sie alle treten lediglich als Teil von Rahels dichtem Gedankenstrom auf, als Gestalten in ihrer inneren Landschaft – ausgenommen vielleicht Varnhagen. Dieser ist erstaunt über die Welt, die ihm Rahel erschlossen hat, klammert sich hartnäckig an sie und erobert sie mit einer Mischung aus sklavischer Ergebenheit und gesundem Menschenverstand.

Hannah Arendt zeichnet Rahel Varnhagen zunächst als ein von der Geschichte vollkommen abgeschnittenes Mädchen, als junge Gastgeberin eines Salons in einer Welt, der sie selbst in keiner Weise angehört. Rahel Varnhagen verfügt nur über die nichtigen, förmlichen Eigenschaften, ihre Intelligenz und ihre Offenheit, um nach außen hin ihre Position abzusichern. Ihr bleibt nichts als der Wirbel ihrer sich wandelnden Reaktionen und ihr endloses, oft verzweifeltes Grübeln über die Natur ihrer entwurzelten Persönlichkeit, um sich nach innen auf-

Rahel Varnhagen van Ense.
Nach einem zeitgenössischen Gemälde

rechtzuhalten. Das ist bestimmt eine Übertreibung der Position, die Arendt nach ihrem Weggang von zu Hause beim Eintritt in das deutsche Universitätsleben innehatte. Doch scheinen überall in Arendts Schilderung ihre Gefühle eines intimen Wiedererkennens mitzuschwingen, so, als ob sie aus eigener Erfahrung ganz genau wüßte, worüber sie schrieb.

Rahel Varnhagens erste Liebesaffäre – die mit dem Grafen – bietet ihr vor allem die Möglichkeit, sich einer festen äußeren Realität anzuschließen, sich von außen zu definieren und eine besondere Person zu werden. Ihre zweite Liebesaffäre – die mit dem Spanier – ist dagegen ein Versuch, sich ganz dem Zauber der Schönheit eines Mannes zu unterwerfen und ihr Problem auf diese Art zu lösen. Als Rahel Varnhagen ihre Liebhaber verliert, bleibt ihr als einzig Positives noch ihre Freiheit. Fühlte sich Hannah Arendt so, als sie Heidegger verlor? Die Leidenschaft, mit der sie schreibt, legt dies nahe, selbst wenn es nur für kurze Zeit so gewesen sein mag.

Vor allem im letzten Teil der Biographie lassen sich ganz unverkennbar Übereinstimmungen zwischen Hannah Arendt und Rahel Varnhagen feststellen. Rahel liebt ihren Mann nicht, aber durch ihre Heirat entflieht sie endlich der Qual, auf der Welt nichts anderes zu haben als jenen romantischen Besitz – ihre eigene Persönlichkeit. Sie akzeptiert und begrüßt die Existenz einer gefühllosen Wirklichkeit in ihrem Leben. Sobald sie auf diese Art geweckt worden ist, kommt ihr auch zu Bewußtsein, wie völlig sie sich all dieser, für den gesellschaftlichen Parvenü charakteristischen Unaufrichtigkeit und Falschheit hingegeben hat – nie war es ihr wirklich gelungen, ein Teil dieser Gesellschaft zu sein, die Deutschen hatten sie lediglich als »Ausnahmejuden« akzeptiert. Am Ende entscheidet sie sich für die Rolle eines »bewußten Paria«, d. h. einer Frau, die nicht um jeden Preis der gebildeten

Gesellschaft angehören, jedoch auch nicht völlig außerhalb von ihr stehen will, sondern fortan eine unabhängige, auf höchst anständige Weise doppeldeutige Position einnimmt: Sie lehnt die Gesellschaft nicht ab, vergißt oder verheimlicht jedoch auch nicht ihre Verbindung zu all jenen, die aus ihr ausgeschlossen sind. Arendt beschreibt hier Rahel Varnhagens Position mit Begriffen wie »Parvenü« und »Paria«, die sie sich völlig zu eigen machte. Rahel Varnhagens Vorsätze, die sie als ältere Frau faßt, spiegeln genau die Position wider, die Arendt für sich selbst in dieser Zeit, als sie Mitte Zwanzig war, bezog: Sie wollte weiterhin der deutschen und europäischen Kultur teilhaftig bleiben, jedoch inmitten dieser Kultur ein »bewußter Paria« sein.

Arendt schrieb *Rahel Varnhagen* in den Jahren 1930 bis 1933, mit Ausnahme der beiden letzten Kapitel, die sie erst 1938 in Paris vollendete – das Buch erschien im übrigen erst 1958. Zweifellos hatten Arendts Ideen, während sie das Buch zu Ende schrieb, an Klarheit und Festigkeit gewonnen, doch im wesentlichen waren es dieselben Vorstellungen, die schon kurz vor Hitlers Machtergreifung in ihren Gedanken Gestalt annahmen.

Das Wichtige an jenen Jahren ist, wie sie selbst sagte, daß die Judenfrage in ihren Blick rückte. »Von 1929 an«, so die Meinung von Hans Jonas, »war es ganz klar, daß wir um uns herum den Aufschwung des Faschismus erlebten. Und zu meiner großen Überraschung trat nun Hannah Arendt, meine alte Freundin, als Politologin in Erscheinung. Das war im wesentlichen Hitler zuzuschreiben, denn bis dahin hatte sie die Welt der Politik verabscheut.«

Hannah Arendt trat der deutschen zionistischen Organisation nicht bei, obwohl Blumenfeld deren Präsident war. Sie befürchtete manchmal bei den Aktivitäten dieser Bewegung ein gewisses engstirniges, sektiererisches

SA-Demonstration in Berlin 1931: Schlägerei mit der Polizei

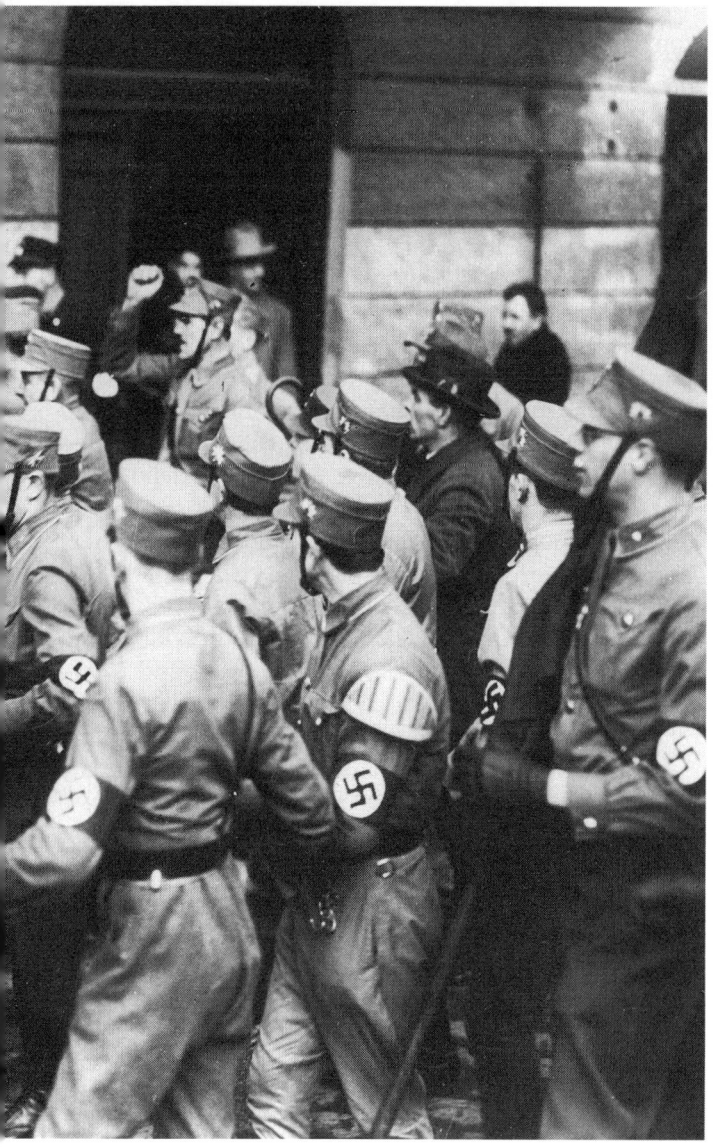

Übergewicht, während sie selbst es lieber gesehen hätte, wenn diese Organisation im Bewußtsein der gesamten internationalen politischen Szene gehandelt hätte, denn dort waren nicht nur die Juden in Gefahr. Außerdem hatte sie auch Bedenken hinsichtlich der politischen Devise ›Zurück nach Palästina‹, obwohl diese Politik noch nicht die Bedeutung hatte, die sie später einmal bekommen sollte. Sie selbst hatte bestimmt kein Verlangen danach, in Palästina zu leben. Doch von nun an »akzeptierte sie die zionistische Kritik an der Assimilation«, wie sie es nannte, also die Ansicht, daß Assimilation gleichbedeutend sei mit einer Anerkennung des Antisemitismus. In der Tat war nun der Zeitpunkt gekommen, wo Juden, gleich welcher Herkunft, für das Recht aller Juden eintreten mußten, ihr Leben nach ihren eigenen Vorstellungen, garantiert durch den Schutz des Gesetzes, zu leben. Diese Meinung begann Arendt in einigen ihrer ersten journalistischen Arbeiten und auch bei öffentlichen Kundgebungen zum Ausdruck zu bringen.

Die andere Gruppe, die sich sehr aktiv am Widerstand gegen Hitler beteiligte, waren die Marxisten und Kommunisten; diese befanden sich zunächst einmal in größerer Gefahr vor den Nazis als die Juden. Hannah Arendt hatte viele von ihnen durch Günther Stern kennengelernt, dessen Berliner Freunde hauptsächlich aus diesen Kreisen stammten. Arendt fühlte sich jedoch nicht zur Politik dieser Leute hingezogen. Ihre politische Einstellung, die sie in dieser Zeit entwickelte, blieb im wesentlichen ihr ganzes Leben lang unverändert: Sie interessierte sich stets weniger für materielle und gesellschaftliche Bindungen als für politische und gesetzliche Rechte. Wir werden später noch sehen, wie sich ihre frühen politischen Überzeugungen, was denn für die Juden eigentlich wichtig sei, zu einer grandiosen und weitreichenden politischen Philosophie auswuchsen.

Das Jahr 1933 – Hannah Arendt war damals siebenundzwanzig – stellt den Wendepunkt in ihrem Leben dar. Hitlers Gefolgschaft war seit der Weltwirtschaftskrise von 1929 und dem anschließenden finanziellen Chaos ständig gewachsen; bei den Wahlen vom März 1933 avancierten die Nationalsozialisten mit 44 Prozent der Stimmen zur größten Partei im deutschen Parlament und Hitler zum Führer Deutschlands. Er hatte die Kommunisten beschuldigt, unmittelbar vor den Wahlen den Reichstagsbrand geplant zu haben. Nun begann seine Schreckensherrschaft, deren erste Opfer Kommunisten und angebliche Kommunisten waren. Viele von ihnen sollten noch verhaftet, verprügelt und in Konzentrationslager gesteckt werden; außerdem setzten jetzt auch der Boykott jüdischer Geschäfte und die Vertreibung der Juden aus offiziellen Positionen ein.

Günther Stern hatte davon Kenntnis, daß sein Name in einem Adreßbuch stand, das dem linksgerichteten Dichter und Dramatiker Bertolt Brecht gehörte und sich nun in den Händen der Gestapo befand. Deshalb beschloß er, Deutschland zu verlassen. Hannah Arendt und er hatten sich in den letzten beiden Jahren immer mehr entzweit, und seine Abreise bedeutete praktisch das Ende ihrer Ehe, selbst wenn sie später noch einmal für kurze Zeit in Paris eine Wohnung teilten, bevor sie sich endgültig trennten.

Arendt machte ihre Wohnung in Berlin zu einem Zufluchtsort für Kommunisten und tarnte deren Kommen und Gehen durch zahlreiche Besuche ihrer Familienmitglieder. Sie begann nun auch, für Blumenfeld und die deutschen Zionisten zu arbeiten, und sammelte in den Archiven der Preußischen Staatsbibliothek Beweismaterial für deutschen Antisemitismus. Daß sie kein Mitglied der zionistischen Organisation war, erwies sich hier als Vorteil: Sollte sie nämlich verhaftet werden, würde nicht

Fackelzug nach Hitlers Ernennung zum Reichskanzler

unbedingt die Organisation selbst in die Schußlinie geraten.

Arendt wurde in der Tat schon bald verhaftet und im
Frühjahr 1933 acht Tage lang im Polizeipräsidium ver-
hört. Allerdings schaffte sie es, nichts zu verraten, was sie
selbst oder die Organisation belasten konnte. Sie überre-
dete sogar den verantwortlichen Polizisten, ihr Zigaretten und besseren Kaffee zu besorgen. Sie hatte zwar
keine Angst, aber sie wußte doch, daß nun für sie der
Zeitpunkt gekommen war, sich gleichfalls davonzu-
machen.

Zusammen mit ihrer Mutter verließ sie Deutschland il-
legal über die tschechische Grenze, wo ein der politischen Linken wohlbekanntes Haus von Freunden stand,
dessen Eingang in Deutschland und dessen Hinteraus-
gang in der Tschechoslowakei lag. Ein Gedanke beschäftigte Hannah Arendt ganz besonders: »Ich wollte in die
praktische Arbeit«, sagte sie in einem Interview nach dem
Krieg, »ich wollte ausschließlich und nur in die jüdische
Arbeit.«[7] Mit diesem Ziel vor Augen machte sie sich auf
den Weg nach Paris.

3

1933 – 1941:
Staatenlos in Frankreich

Als Hannah Arendt Ende Zwanzig war, sah sie noch immer jung aus, wirkte jedoch jetzt strenger; sie trug ihr Haar in der Mitte gescheitelt und bürstete es so, daß es eng an den Seiten ihres langen ovalen Kopfes anlag. Ihre Kleidung war elegant, aber schlicht und paßte genau zu ihrem Typ. Auf Fotos von damals schaut sie unverwandt und ruhig drein, doch wissen wir, daß hinter ihrer klaren Stirn bereits neue gewaltige Gedanken Gestalt annahmen.

Zusammen mit ihrer Mutter reiste sie von der Tschechoslowakei aus nach Genf weiter, wo sie vorübergehend beim Völkerbund als Sekretärin arbeitete. Ihre Mutter faßte jedoch nach den ersten beunruhigenden Anzeichen den Entschluß, zu ihrem Mann nach Königsberg zurückzukehren, und Hannah Arendt schaffte es, auch das zu arrangieren. So kam sie im Herbst 1933 alleine nach Paris und zog mit in Günther Sterns Wohnung ein. Sie brachte das Manuskript eines Romans mit, einer Satire auf den Faschismus, das Stern in Berlin zurückgelassen hatte. Es roch ziemlich stark nach Schinken, denn eine Bekannte in Berlin hatte es, um es zu verstecken, in ein Tuch gewickelt und in einer Dachkammer unter dem geräucherten Schinken aufgehängt. Arendt und Stern lebten weiter als Freunde zusammen, bis Stern

1936 nach New York abreiste; anschließend ließen sie sich offiziell scheiden.

Nach ihrer Ankunft in Paris fand Hannah Arendt schon bald eine neue Stelle als Sekretärin, und zwar bei der Organisation Agriculture et Artisanat. Diese unterwies junge Juden in der Landwirtschaft und in anderen Fertigkeiten, die sie für ihre Emigration nach Palästina brauch-

Hannah Arendt im Alter von dreißig Jahren

ten. Das überwältigend Neue an Arendts Leben war jedoch ihre Staatenlosigkeit. In Frankreich, das sie selbst als »das größte Immigrationsland Europas«[1] bezeichnete, gehörte sie zu der riesigen Anzahl von Flüchtlingen und anderen Ausländern, die alle hinsichtlich ihrer Rechte zutiefst verunsichert waren und sich meistens Sorgen um ihre Zukunft machten. Arendt hat ihre diesbezüglichen eigenen Erfahrungen nur selten direkt und persönlich beschrieben, doch ihre Ausführungen zur Staatenlosigkeit in *The Origins of Totalitarianism* zählen zu den lebendigsten und leidenschaftlichsten im ganzen Buch und vermitteln uns zweifelsohne einige von ihren stärksten Gefühlen. Was sie in dieser Zeit an Erfahrungen machte, fand bis zum Ende ihres Lebens in ihren Büchern immer wieder seinen Niederschlag.

Tief bewegt schildert Hannah Arendt das verzweifelte Gefühl des Staatenlosen, der keinerlei Rechte besitzt und der auch völlig außerhalb der Grenzen des Gesetzes steht. Mit einer Spur von bitterem Witz erläutert sie, wie ein Staatenloser tatsächlich davon träumen kann, ein Verbrechen zu begehen, weil dies in seinem Fall »den legalen Status eines Menschen verbessert, [...]. Als Verbrecher kann selbst der Staatenlose den Gesetzesschutz erlangen, der in allen zivilisierten Ländern den Strafvollzug regelt: Wenn er sich gegen das Gesetz, das ihn verfolgte, solange er unschuldig war, vergeht, wird plötzlich das Gesetz sich seiner wieder annehmen. [...] Der gleiche Mann, der gestern noch im Gefängnis saß, nur weil er überhaupt auf der Welt war, der vollkommen rechtlos war, dauernd vor der Deportation zitterte oder vor dem Internierungslager, ist plötzlich im Genuß aller bürgerlichen Rechte, nur weil er sich endlich wirklich etwas hat zuschulden kommen lassen. Nun gibt es auf einmal Rechtsanwälte für ihn, und wenn er kein Geld hat, muß sogar das Gericht selbst für die gehörige Vertretung seiner Interessen sorgen; er kann sich über die Gefängniswärter beklagen, und wenn die Polizei ihn mißhandelt, wird man sich seine Beschwerden anhören und Abhilfe schaffen. Niemand hat mehr das Recht, ihn als Abschaum der Menschheit zu behandeln oder ihm die Kenntnis seiner eigenen Akten zu verwehren; im Gegenteil, jedermann wird beflissen sein, ihn genau zu informieren, und er wird sogar das Gesetz kennenlernen, das in seinem Falle zuständig ist. Er ist endlich wieder jemand, mit dem alle Welt rechnen muß.«[2]

An anderer Stelle des Buches spricht Hannah Arendt von der Art und Weise, wie Berufsidealisten ohne jegliches politisches Gespür dazu neigen, ihre Sorge für die Staatenlosen zu bekunden: »Die Menschenrechte haben immer das Unglück gehabt, von politisch bedeutungslosen Individuen oder Vereinen repräsentiert zu werden, deren sentimental humanitäre Sprache sich oft nur um ein geringes von den Broschüren der Tierschutzvereine unterschied.«[3]

Damit hängt zusammen, »daß selbst im zwanzigsten Jahrhundert, als zum ersten Male große Gruppen von Menschen auftauchten, die in eklatanter Weise aller Rechte beraubt sind, sich keine liberale oder radikale Partei bereit gefunden hat, eine neue Proklamation der Menschenrechte in ihr Programm aufzunehmen«.[4] Hannah Arendt hatte nie die Zeit, sich mit Sentimentalisten abzugeben.

All dies bewirkte in ihr die Erkenntnis, daß die allgemeinen Menschenrechte, die die Aufklärung im 18. Jahrhundert so stolz verkündet hatte, für einen Menschen nur wenig bedeuteten, wenn er nicht anerkanntes Mitglied einer besonderen Gemeinschaft war. Ist er dies aber – und sei es nur als Sklave –, dann ist er immer noch besser dran als jemand, der einer Gemeinschaft verlustig gegangen ist. »[...] und das heißt, daß niemand sich bereit findet, Rechte für diese bestimmte Kategorie von Menschen zu garantieren [...].«[5] Was jeder Mensch braucht, ist ein »Standort in der Welt [...], durch den allein er überhaupt Rechte haben kann und der die Bedingung dafür bildet, daß seine Meinungen Gewicht haben und seine Handlungen von Belang sind. [...] Nur weil

Vor dem Café de la Paix in Paris

die Völker der Erde trotz aller bestehenden Konflikte sich bereits als ein Menschengeschlecht etabliert haben, konnte der Verlust der Heimat und des politischen Status identisch werden mit der Ausstoßung aus der Menschheit überhaupt.«[6]

Hannah Arendt gibt in ihrem Buch über den Totalitarismus diesen Überlegungen zur Staatenlosigkeit an der Stelle eine letzte bittere Wendung, wo sie aufzeigt, daß staatenlos zu sein trotzdem manchmal für einen Menschen sogar ein Ziel darstellen konnte. Als der französische Premier Pierre Laval im Jahre 1935 die Ausländer aus Frankreich auszuweisen begann, blieben nur Staatenlose automatisch von diesem Erlaß ausgenommen, weil man sie nirgendwohin deportieren konnte. Viele Menschen versuchten, sich den Nachweis der Staatenlosigkeit zu verschaffen, da nur sie ihnen einen weiteren Aufenthalt in Frankreich gestattete.

Während der Zeit in Paris gab sich Hannah Arendt keinerlei Selbstmitleid hin. Natürlich war sie manchmal verzweifelt, aber sie wußte auch, daß es ihr besser ging als vielen Flüchtlingen in ihrer Umgebung und sie weitaus besser dran war als viele Deutsche – Juden oder auch Nichtjuden –, die sich nun in Hitlers Konzentrationslagern befanden. Unermüdlich lernte sie aus allem, was ihr selbst widerfuhr und was sie miterlebte. Zumindest hatte sie Arbeit gefunden, die dem entsprach, was sie sich bei ihrer Abreise aus Deutschland vorgestellt hatte. Sie hatte in dieser Hinsicht sogar noch mehr Glück, als ihr dann der Posten des *sécrétaire-général* im Pariser Büro einer neuen Organisation, der Jugend-Aliyah, übertragen wurde.

Die Jugend-Aliyah (›aliyah‹ bedeutet zweierlei: ›auffahren‹ und ›[nach Israel] emigrieren‹) war eine internationale Organisation, die ähnliche Ziele wie Agriculture et Artisanat verfolgte. In Paris besuchten vor allem solche

Kinder den Unterricht, die mit den neuen Flüchtlingswellen aus Deutschland und Osteuropa kamen. Die Jugend-Aliyah sorgte jedoch nicht nur für Unterweisung, sondern überwachte auch den Transport ihrer Schützlinge nach Palästina, wo sie in den Arbeitsdörfern eine neue Heimat fanden. Einmal, im Jahre 1935, hatte Arendt sogar Gelegenheit, eine Gruppe per Schiff von Marseille nach Haifa zu begleiten und sich Palästina selbst anzusehen. Sie war tief beeindruckt von der Energie und Begeisterung der Arbeiter im Kibbuz, interessierte sich aber genauso für die Relikte griechischer und römischer Zivilisation, die sie dort vorfand. Sie konnte sich nie vorstellen, daß Juden einzig und allein dazu bestimmt sein sollten, in einem Judenstaat zu leben. Sie hatte auch bereits Befürchtungen, daß dort ein neuer jüdischer Nationalismus entstehen könnte, der sich selbst wiederum intolerant anderen Völkern gegenüber verhalten würde. Das aber war genau das Gegenteil von dem, was sie selbst für die eigentliche Bestimmung der Juden hielt. Sie wußte auch, daß sie von nun an gegenüber diesem sich entwickelnden Judenstaat, dessen zukünftige Bürger sie auf ihre Aufgaben vorzubereiten half, ein Gefühl der Treue empfinden würde.

In der Zwischenzeit ließ sich auch in Paris das Glück finden. Ganz gleich, welcher Situation sich Hannah Arendt gegenübersah, in ihr loderte eine überschwengliche Lebensfreude. Als William Phillips, einer der Herausgeber des *Partisan Review*, sie nach dem Krieg einmal fragte, warum man in Paris viel leichter spazierengehen könne als in New York, erwiderte sie ihm lächelnd: »Die Bürgersteige sind dort nicht so uneben.« Wenn man schon zu den Flüchtlingen zählte, dann war Paris auf jeden Fall das richtige Pflaster. In ihrem Essay über Walter Benjamin, der in dem Band *Men in Dark Times* enthalten ist, schreibt Hannah Arendt:

Jüdische Siedler beim Straßenbau in Palästina um 1935

Dies Paris war zwar noch nicht kosmopolitisch, aber zutiefst europäisch und hat sich so mit einer Selbstverständlichkeit ohnegleichen seit Mitte des vorigen Jahrhunderts allen Heimatlosen als zweite Heimat angeboten. Weder die ausgesprochene Fremdenfeindlichkeit der Bewohner noch die ausgeklügelten Schikanen der einheimischen Fremdenpolizei haben daran je etwas zu ändern vermocht. [...] in Paris fühlt sich der Fremde heimisch, weil man diese Stadt bewohnen kann wie sonst nur die eigenen vier Wände. Und wie man eine Wohnung nicht dadurch bewohnt und wohnlich macht, daß man sie benutzt – zum Schlafen, Essen Arbeiten –, sondern dadurch, daß man sich in ihr aufhält, so bewohnt man eine Stadt dadurch, daß man es sich leistet, ziel- und zwecklos durch sie zu flanieren, wobei der Aufenthalt durch die zahllosen Cafés gesichert ist, welche die Straßen flankieren und an denen das Leben der Stadt, die Flut der Passanten, vorbeizieht. [...] Was alle anderen Städte nur widerwillig dem Auswurf der Gesellschaft zu gestatten scheinen, das Bummeln, Schlendern und Flanieren, dazu fordern die Pariser Straßen jedermann geradezu auf. Und so ist die Stadt denn auch seit dem zweiten Kaiserreich das Paradies aller derer gewesen, die keinem Erwerb nachzujagen, keine Karriere zu machen, kein Ziel zu erreichen brauchten: das Paradies also der Bohème, und zwar nicht nur der Künstler und Schriftsteller, sondern auch derer, die sich um sie versammeln, weil sie entweder politisch, wie die Heimat- und Staatenlosen, oder gesellschaftlich nicht einzuordnen sind.[7]

Dies war die andere Seite des Bildes, wenn man nur die Vorteile in Betracht zog. Hannah Arendt sollte in Paris viele neue Freunde finden, vor allem solche der ›unintegrierten‹ Art. Bertolt Brecht hielt sich zu dieser Zeit in Paris auf, und Hannah Arendt begegnete ihm schon bald. Sie machte die Bekanntschaft junger französischer Schriftsteller und Denker wie Jean-Paul Sartre und Raymond Aron. Auch eine ihrer ältesten und engsten Freundinnen aus Königsberg, Anne Mendelssohn, befand sich in der Stadt. Sie war mit Eric Weil verheiratet, einem Deutschen, der inzwischen die französische Staatsbürgerschaft erhalten hatte und schließlich sogar für Frank-

Jean-Paul Sartre

reich kämpfte. Doch die Freundschaft mit Walter Benjamin bedeutete Hannah Arendt damals intellektuell am meisten, wie ihr Essay über ihn – mit das Beste, was sie je geschrieben hat – verdeutlicht.

Benjamin war vierzehn Jahre älter als Hannah Arendt, also schon über vierzig, als sie ihn in Paris kennenlernte. Auch er war das Kind assimilierter deutscher Juden und versuchte – wie so viele andere solcher Kinder – sich ein Leben mit einem größeren Geisteshorizont als dem seiner Eltern zu schaffen und auch die Mittel zu besorgen, um dieses Leben zu finanzieren. Hannah Arendts Beschreibung der Konflikte zwischen den jüdischen Söhnen und ihren Vätern fußt auf gründlichen Kenntnissen dieses Milieus: »[...] aber sie [die Konflikte] wurden doch

in der Regel dadurch beigelegt, daß die Söhne den Anspruch machten, Genies zu sein oder auch, wie im Falle
der zahlreichen Kommunisten aus begütertem Hause,
Menschheitsbeglücker, auf jeden Fall etwas Höheres,
und die Väter nichts lieber glauben wollten.«[8] Dies war
nämlich eine stichhaltige Entschuldigung, damit man
sich nicht seinen Lebensunterhalt zu verdienen brauchte.
Im Falle Benjamins erkannte jedoch der Vater dessen An-
sprüche nicht an, und ihr Verhältnis war außerordentlich
schlecht.

Hannah Arendt schildert sehr liebevoll und mit einem
Anflug von Humor, wie die Bemühungen dieses hochori-
ginellen, idiosynkratischen Literaturkritikers, sich einen
regelmäßigen Lebensunterhalt zu verschaffen, ständig
von dem »bucklicht Männlein« durchkreuzt wurden, der
in dem deutschen Kinderlied den Menschen dauernd die
Suppentöpfe oder Weinkrüge aus der Hand schlägt. Als
Benjamin versuchte, mit einer Goethestudie eine Univer-
sitätskarriere in Angriff zu nehmen, entschied er sich, ein
Buch genau des Kritikers anzugreifen, der ihm am
meisten hätte helfen können. Als er seine Position beim
Frankfurter Institut für Sozialforschung, wo er eine Heimat gefunden hatte, durch einen Essay über Baudelaire
für die hauseigene Zeitschrift verbessern wollte, geriet er
– so wie Günther Stern – mit Adorno in Konflikt, weil er
nach den komplexen Kriterien der Frankfurter Schule
nicht genügend marxistisch war. (Hannah Arendt konze-
diert aber: »Benjamin dürfte wohl der seltsamste Marxist
gewesen sein, den diese an Seltsamkeiten nicht arme Bewegung [gemeint ist die Frankfurter Schule] hervorge-
bracht hat.«[9])

Hannah Arendt schildet jedoch auch mitfühlend die inneren Schwierigkeiten, mit denen Benjamin zu kämpfen
hatte: das klassische, Arendt inzwischen wohlvertraute
jüdisch-deutsche Dilemma jener Zeit, ob man nämlich

am kulturellen Leben Deutschlands teilnehmen sollte und wenn ja, wie. – Wußte sie doch, in welche Falschheit sich ein Jude dadurch verstricken konnte. »Zionismus und Kommunismus waren für die Juden dieser Generation«, so kommentiert Hannah Arendt in ihrem Essay über Benjamin, »die bereitstehenden Formen der Rebel-

Walter Benjamin

lion, wobei man in Rechnung stellen muß, daß die Generation der Väter die zionistische Rebellion oft bitterer verurteilte als die kommunistische«.[10] Doch keiner dieser beiden Wege stellte Benjamin – wie auch Hannah Arendt – wirklich zufrieden: »Zu der Zeit, als Benjamin es erst mit einem unentschiedenen Zionismus und dann mit einem im Grunde nicht weniger unentschiedenen Kommunismus versuchte, standen die Anhänger der beiden Ideologien sich in größter Feindschaft gegenüber: die Kommunisten diffamierten den Zionismus als jüdischen Faschismus [...] und die Zionisten den Kommunismus der jüdischen Jugend als ›rote Assimilation‹.«[11] Was Benjamin an diesen beiden Bewegungen wirklich faszinierte, war nicht so sehr ihre positive wie ihre negative Seite, ihre »Kritik an den bestehenden Verhältnissen« und der »Ausweg aus Realitätslosigkeit und Verlogenheit«.[12] Wir verspüren wiederum den unverkennbaren Ton persönlicher Identifikation, wenn Hannah Arendt hinzufügt: »Er bezieht diese radikal-kritische Position sehr jung, wohl noch ohne zu ahnen, in welche Vereinzelung und Vereinsamung sie ihn schließlich führen würde.«[13]

Letztlich jedoch am wichtigsten ist Benjamins – und auch Hannah Arendts – Erkenntnis, daß mit Hitlers Aufstieg die »finsteren Zeiten« nicht mehr nur für die deutschen Juden ein Problem darstellten, sondern ganz Europa einschlossen und einen Bruch mit der gesamten politischen und moralischen Tradition des Westens verursachten. (Hitler, so behauptet sie schonungslos, habe in der Tat dem deutsch-jüdischen Dilemma ein für alle Mal ein Ende bereitet.) Sie beschließt ihren Essay über Benjamin, indem sie beschreibt, wie er in seinen letzten Schriften mit dieser verzweifelten Erkenntnis fertig wird: Er wurde zu einer Art surrealistischem Dichter und setzte sein Werk aus einer Montage exquisiter, unverbundener Zitate zusammen, die er aus der Vergangenheit zutage förderte und die zwar keine systematische Sicht, aber die Möglichkeit zu bieten hatten, durch Erschütterung und Erschrecken neue Wahrnehmungen freizusetzen. Dies sollte bestimmt nicht Hannah Arendts Methode werden, obschon sie sich, wie Benjamin, inzwischen des Bruchs in der Tradition bewußt war. Sie richtete schließlich ihren Blick auch in die Vergangenheit, und zwar auf die alten griechischen Vorstellungen von einer Vision der Politik, an der man die Gegenwart messen und von der diese sich neu inspirieren lassen konnte.

Benjamin war für Hannah Arendt eine sehr wichtige Person. Der allerwichtigste Mensch, dem sie in Paris begegnete, war jedoch weder ein berühmter Intellektueller noch ein Jude, sondern ein kommunistischer Flüchtling aus Berlin namens Heinrich Blücher. Er sollte ihr zweiter Gatte werden, und mit ihm sollte sie dreißig Jahre lang, bis zu seinem Tod 1970 in New York, verheiratet bleiben.

Hannah Arendt begegnete Blücher im Jahre 1936, als sie neunundzwanzig und er siebenunddreißig Jahre alt war. Er glich in keiner Weise dem ehrwürdigen Heidegger oder dem ernsten Günther Stern, war der Sohn einer Wäscherin aus einem Berliner Vorort, amüsant, impulsiv und ein Autodidakt. 1918 und 1919 hatte er zusammen mit den Spartakisten in Berlin gekämpft, und er gehörte zu den ersten Mitgliedern der Kommunistischen Partei Deutschlands, die während dieser Kämpfe gegründet worden war. Außerdem war er Texter, Filmkritiker und Amateurpsychoanalytiker, zweimal verheiratet und – was Hannah Arendt lange nicht wußte – zum Zeitpunkt ihres Kennenlernens mit seiner zweiten Frau noch immer verheiratet.

Vor allem aber war Blücher ein leidenschaftlicher und lebhafter Gesprächspartner. Hannah Arendt und er verliebten sich schon bald ineinander – Günther Stern war inzwischen nach New York abgereist –, und weil sie für

Blüchers Lebendigkeit und seinen Takt empfänglich war, konnte sie langsam mit ihm über ihre Gefühle und Ängste reden, die sie Stern gegenüber nie hatte eingestehen können. Sie stellte auch fest, daß sie sehr viel von Blücher lernte. Er verfügte über ein historisches und politisches Verständnis, das die Interessen ihrer zionistischen Freunde bei weitem übertraf. Später sollte sie in uneingeschränkter Dankbarkeit den enormen Einfluß anerkennen, den dieser kluge, ungeschulte Deutsche, der sich seine politischen Einsichten mühsam angeeignet hatte, auf ihr politisches Denken ausübte. Er wiederum berichtete seinen Freunden, er habe endlich die Person gefunden, die er brauchte.

Nach dieser Begegnung nahm das Leben in Paris für Hannah Arendt einen neuen und besseren Verlauf. Bis zu Blüchers Tod nannte sie ihn ›Monsieur‹ – so, wie ihn die Concierge eines kleinen Pariser Hotels zuerst angeredet hatte.

In den nächsten beiden Jahren mußten jedoch die jüdischen Flüchtlinge in Frankreich gegen eine wachsende antisemitische Stimmung ankämpfen. Vor allem die Opposition der Juden gegen die Vorgänge in Deutschland rief eine feindselige Haltung hervor. Jene Franzosen, die hofften, durch eine Besänftigung Hitlers den Krieg vermeiden zu können, beschuldigten die Juden der Kriegstreiberei. Das aber weckte Hannah Arendts Kampfgeist nur um so mehr. Wie zu Beginn der dreißiger Jahre in Deutschland war sie auch jetzt davon überzeugt, daß die Politik der Juden einzig und allein darin bestehen könne, sich zu Wort zu melden und zu protestieren, nicht aber sich zu ducken, in der Hoffnung, dadurch die Verfolgung vermeiden zu können.

Arendts kritische Sicht der offiziellen jüdischen Organisationen hatte sich bereits in Deutschland herauszubilden begonnen; jetzt trat sie nur noch deutlicher zutage.

Die *Consistoire*, die Hauptvereinigung der Pariser Juden, bemühte sich angestrengt, die Juden aus der Politik herauszuhalten. Hannah Arendt sah in der *Consistoire* eine klassische Organisation jener Parvenüs, deren Haltung sie bereits so entschieden abgelehnt hatte. (Zu dieser Zeit schrieb sie gerade an den beiden letzten Kapiteln von *Rahel Varnhagen*.) Nachdem Hitler im März 1938 Österreich annektiert hatte, flohen immer mehr Juden nach Frankreich, und die französische Regierung fing an, Gegenmaßnahmen zu treffen. Sie schränkte das Recht der Juden zu arbeiten ein und versuchte, alle, die keine ordnungsgemäßen Papiere besaßen, auszuweisen. Daraus resultierte erneut bei vielen französischen und eingewanderten Juden der Trend, zu dem abgekapselten gemeinschaftlichen Leben im Ghetto zurückzukehren. Hannah Arendt betrachtete diese Neigung angesichts der ständig wachsenden Macht der Nazis in Europa als reine Vogel-Strauß-Politik.

Im November 1938 folgte dann jene schreckliche Nacht, die als Kristallnacht in die Geschichte eingehen sollte: In ganz Deutschland wurden die Fensterscheiben der Juden eingeschlagen, ihre Häuser geplündert, Synagogen niedergebrannt und viele Juden verhaftet. Hannah Arendts Mutter faßte den Entschluß, ihrer Tochter nach Paris zu folgen. Martin Beerwald, Arendts Stiefvater, wollte Königsberg nicht verlassen, doch Martha Arendt hatte das Bedürfnis, bei ihrer Tochter zu sein. Von ihren beiden Stiefschwestern war Clare inzwischen gestorben – sie hatte schon immer schizophrene Neigungen gehabt und 1932 Selbstmord begangen –, und Eva hielt sich bereits in England auf, wo sie schließlich als Zahntechnikerin Arbeit fand.

Martha Arendt verließ Königsberg im April 1939 und zog zu Hannah Arendt und Blücher, die sich eine neue Wohnung gemietet hatten. Martha Arendt mochte Blü-

›Reichskristallnacht‹ November 1938. Der ausgebrannte

Innenraum der Synagoge in der Berliner Fasanenstraße

cher nicht so sehr wie Stern, drängte die beiden aber aus praktischen Gründen zur Heirat. Wenn sie sich nämlich um ein Visum für die USA bemühten, hätten sie als Ehepaar größere Aussichten zusammenzubleiben. Nach Kriegsausbruch im September wurde Blücher, weil er Deutscher war, von den französischen Behörden interniert, doch Freunde bewirkten nach einigen Monaten seine Freilassung. Hannah Arendt war inzwischen – wie auch Blücher – geschieden, und so heirateten die beiden im Januar 1940 in Paris. Allerdings war ihnen keine lange Zeit der Gemeinsamkeit vergönnt: Im Mai wurden alle Flüchtlinge aus Deutschland, mit Ausnahme alter Menschen und Kinder, in Arbeits- oder Internierungslager gesteckt. Die Schrecken der Staatenlosigkeit zeichneten sich jeden Tag deutlicher ab.

Hannah Arendt wurde in ein Internierungslager in Gurs an der spanischen Grenze geschafft und hatte keine Ahnung, wo Blücher gelandet war. Im Chaos, das auf die Niederlage Frankreichs einen Monat später folgte, gelang es ihr, an Entlassungspapiere zu kommen, und Freunde, die ein Haus in der Nähe von Montauban hatten, nahmen sie auf. Von Blücher hatte sie noch immer keine Nachricht, doch dann erblickte sie ihn plötzlich eines Tages auf der Hauptstraße von Montauban! Das war eine freudige Wiedervereinigung. Auch Blücher war nach der Eroberung Frankreichs aus dem Lager entkommen und hatte sich mit der großen Flüchtlingswoge auf den Weg nach Süden gemacht. Sie suchten sich eine kleine Wohnung in Montauban und radelten in jenem Sommer – ihre Lebensfreude war noch immer ungebrochen – durch ganz Frankreich. Mary McCarthy faßte mir gegenüber die Stimmung, in der Hannah Arendt später diese Zeit beschrieb, mit den Worten zusammen: »Die beiden amüsierten sich prächtig!« Im Herbst schloß sich ihnen Martha Arendt an. Südfrankreich stand nun unter dem

Einfluß der Vichy-Regierung, die unberechenbar mit den Deutschen kooperierte. Doch allen dreien gelang es, wenn auch unter Schwierigkeiten, sich dank der Mithilfe Günther Sterns von Amerika aus die notwendigen Visa zur Ausreise aus Frankreich zu beschaffen, und im Januar 1941 überquerten sie im Zug nach Lissabon die spanische Grenze.

Walter Benjamin hatte dagegen weniger Glück: Das »bucklicht Männlein« verfolgte ihn bis zu seinem Ende. Benjamin hatte zwar ein spanisches Transitvisum, jedoch kein französisches Ausreisevisum. In den Pyrenäen gab es allerdings einen Grenzposten, wo die Spanier solche Flüchtlinge passieren ließen. Doch gerade an dem Tag, an dem Benjamin es versuchte, war die Grenze gesperrt worden, und man befahl ihm, nach Frankreich zurückzukehren. Voller Verzweiflung brachte er sich um. Hätte er es am Tag zuvor probiert, hätte man ihn durchgelassen. Hätte er bis zum nächsten Tag gewartet, wäre seine Gruppe über die Schließung der Grenze informiert gewesen, und sie hätten alle auf eine günstigere Gelegenheit warten können. Hannah Arendt kommentiert dies in ihrem Essay treffend mit den Worten: »Nur an diesem Tag war die Katastrophe möglich.«[14]

Benjamin hatte Hannah Arendt jedoch eine wichtige Sammlung seiner Manuskripte anvertraut, in der Hoffnung, sie würde jene Schriften an seine Freunde von der Frankfurter Schule in New York weiterleiten können. Hannah Arendt bewahrte diese Manuskripte genauso sorgfältig auf, wie sie es mit Sterns Roman bei ihrer Abreise aus Deutschland getan hatte. Zu gegebener Zeit leitete sie sie – wie vorher den Roman – wohlbehalten an die Adressaten weiter.

Die Freiheitsstatue vor dem New Yorker Hafen

4

1941–1951:
Ein neues Leben in New York

Hannah Arendt und Heinrich Blücher kamen im Mai 1941 mit dem Schiff aus Lissabon (Arendt nannte die Stadt immer wie im Portugiesischen ›Lisboa‹) in New York an. Amerika sollte ihre endgültige Heimat werden.

Lange Zeit war das Leben für die beiden äußerst mühsam. Sie mieteten sich in einem in der 95th Street gelegenen Wohnhaus zwei Zimmer auf verschiedenen Etagen, das eine für sich selbst und das andere für Martha Arendt, die einen Monat später aus Portugal kam. Hier lebten sie die nächsten zehn Jahre, hatten nicht einmal eine eigene Küche, sondern nur eine Gemeinschaftsküche im Haus. Doch nach Ablauf dieser zehn Jahre sollte Hannah Arendt durch die Publikation von *The Origins of Totalitarianism* berühmt werden.

Während jener Zeit durchlief ihr Buch in vielfacher Hinsicht zugleich einen Reifeprozeß. Arendts Hauptinteresse galt nach wie vor dem Elend und der Zukunft der Juden. Im Verlauf des Krieges kamen immer mehr von den Greueltaten des Antisemitismus in Deutschland ans Tageslicht, obwohl viele Menschen, darunter auch die Blüchers, den Schreckensmeldungen zunächst keinen Glauben schenken wollten. Mit jeder weiteren Enthüllung über die Vernichtungslager schien Arendts kontinuierliche historische Untersuchung des Antisemitismus –

und nun auch anderer Formen des Rassismus – eine neue und schrecklichere Bedeutung zu gewinnen. Wie hatte die Geschichte einen solchen Verlauf nehmen können? Die Zukunft der Juden nach dem Kriege war in Amerika eine brennende Frage, wobei der Traum eines Judenstaates in Palästina immer stärker an Bedeutung gewann. Doch vorausgesetzt, so eine Idee ließ sich überhaupt realisieren, wie sollte solch ein Staat eigentlich aussehen? Der Krieg ging zu Ende, und nun wurden umgekehrt alle Grausamkeiten des Stalinschen Totalitarismus enthüllt. Im Jahre 1948 wurde der Staat Israel ins Leben gerufen, obwohl keineswegs so, wie Hannah Arendt und ihre Freunde es sich vorgestellt hatten. Was Arendt von diesem und auch von anderen Ereignissen der vierziger Jahre hielt, fand in vielfacher Gestalt in ihr Werk *The Origins of Totalitarianism* Eingang.

Zunächst einmal mußte sie jedoch Englisch lernen und Arbeit finden. Als sie in die Vereinigten Staaten kam, bestand laut Arendt ihr ganzes Englisch aus zwei Shakespeare-Sonetten; Blücher und Martha Arendt konnten die Sprache noch weniger. Eine Flüchtlingsorganisation vermittelte Hannah Arendt einen zweimonatigen Aufenthalt bei einer amerikanischen Familie in Massachusetts, wo sie zum ersten Mal einen gründlichen Einblick in das amerikanische Leben gewann. Das Ehepaar, das sie aufnahm, war hochgeistig und puritanisch. Die Frau duldete es nicht, daß in ihrem Hause Alkohol getrunken oder geraucht wurde, und auf dem Regal über ihrem Bett prangte ein Exemplar von Marie Stopes' *Ideal Love*. Mit Hannah Arendt hatten sie freilich, wie Mary McCarthy es formulierte, »den richtigen Fang« gemacht. Schon bald setzte Arendt es nämlich durch, daß sie auf ihrem Zimmer rauchen durfte, und auch der Ehemann, der bislang zum Rauchen in den Garten verbannt war, kam von nun an auf eine Zigarette zu ihr. Alles war ganz verschieden vom Paris oder vom Berlin der Vorkriegszeit. Das Ehepaar machte jedoch auf Hannah Arendt tiefen Eindruck, besonders, weil es ein starkes Gespür für demokratisch verbriefte politische Rechte und für die Verantwortung amerikanischer Bürger hatte. Beides zeigte sich, als in Japan geborene Amerikaner nach dem japanischen Bombenangriff auf Pearl Harbor interniert wurden und sich Arendts Gastgeberin sogleich hinsetzte, um einen Protestbrief an ihren Kongreßabgeordneten zu schreiben. Arendt nahm jedoch schon vor Ende ihres zweimonatigen Aufenthaltes Reißaus. Sie veranlaßte Blücher, ihr ein Telegramm mit dem Wortlaut zu schicken: »Mutter schwer erkrankt«.

Blücher und Martha Arendt hatten mit größeren Schwierigkeiten zu kämpfen. Blücher arbeitete eine Zeitlang in einer Fabrik, wo er Chemikalien schaufelte; später ging er verschiedenen Arbeiten nach, forschte nach Nazi-Greueln, um sie in Amerika zu veröffentlichen, unterrichtete deutsche Kriegsgefangene in deutscher Geschichte und gab für den NBC-Sender deutsche Sprachkurse. Immer häufiger verbrachte er jedoch seine Zeit nur noch mit Lesen und Gesprächen, die er mit Hannah Arendt führte, als sie ihr Buch über den Totalitarismus in Angriff nahm. Martha Arendt, die 1941 siebenundsechzig Jahre alt war, kochte für alle und schaffte es, Arbeit bei der Herstellung von Spitzenbesätzen zu finden. Sie führte jedoch ein sehr trauriges und isoliertes Leben, vor allem, weil die Feindschaft zwischen Blücher und ihr andauerte. Dieser glaubte nämlich noch immer, Martha Arendt versuche – wenn auch erfolglos – das Leben ihrer Tochter zu kontrollieren.

Der erste Glücksfall in den Vereinigten Staaten trat für Hannah Arendt im November 1941 ein, als sie bei der deutschen Emigrantenzeitung *Aufbau* eine Stelle als Kolumnistin erhielt. Das sicherte ihr ein karges Einkommen und versetzte sie in die Lage, von nun an mehr als je zuvor schreiben zu können. Das Thema, dem sie sich in ihren ersten Artikeln widmete, war die Aufstellung einer jüdischen Armee, die an der Seite der Alliierten kämpfen sollte. Für Arendt waren die Juden vor allem ein europäisches Volk – ja, eigentlich noch mehr: Sie waren »gute Europäer«, deren Blick über rein nationale und klassengerichtete Interessen hinausging. Arendt wollte, daß sich die Juden als politische Gruppe und als Wahrer der europäischen Tradition von Freiheit und Gerechtigkeit Geltung verschafften. Außerdem kam noch ein eher praktischer Gesichtspunkt hinzu: Falls sich die Juden mit einer eigenen Armee am Kampf gegen Hitler beteiligten, würde dies ihrer Ansicht nach zur Begründung ihres Anspruchs enorm beitragen, nach dem Krieg als Volk anerkannt und gefragt zu werden sowie das Recht auf eine eigene Heimat zu haben. Jene Themen behandelte Hannah Arendt schon bald mit Nachdruck und voller Leidenschaft.

Trotzdem begannen ihre Ansichten vom Denken der meisten Juden in Amerika und selbst von dem vieler Juden in Palästina abzuweichen. Sie verurteilte die palästinensischen Terroristen und ihr Bestreben, zukünftiges jüdisches Gebiet östlich des Jordans auszudehnen. Dabei handelte es sich um dieselbe Art von jüdischem Nationalismus, verbunden mit derselben Mißachtung arabischer Rechte, von der sie sich in den dreißiger Jahren in Deutschland losgesagt hatte. Sie zögerte nicht, die Terroristen sowie all jene, die sie unterstützten, als »jüdische Faschisten« zu bezeichnen. Ja, während die amerikanischen, von David Ben-Gurion inspirierten Zionisten die Briten aufforderten, Palästina vollständig den Juden zu übergeben, vertrat sie die These, Palästina sollte eine Nation mit Juden und Arabern als gleichberechtigten Bürgern sein. Außerdem sollte Palästina Mitgliedstaat in einer Art britischem Commonwealth werden, das sich, wie Arendt glaubte, wahrscheinlich nach dem Krieg entwickeln würde, wobei Indien einen ähnlichen Mitgliedstatus wie ein Dominion erhalten sollte.

Wenn ich über diese Ansichten nachdenke, fühle ich mich daran erinnert, wie William Phillips, der Herausgeber des *Partisan Review*, der Hannah Arendt wenig später begegnete, sie beschrieb: Er war beeindruckt, und zwar »von der ungewöhnlichen Verbindung aus Milde und Stärke, die bis zum Ende ihres Lebens ihr vielleicht hervorstechendster Charakterzug blieb. Es war eine höchst seltsame und verführerische Mischung: ein entschlossener Ton und Überzeugungskraft, gepaart mit einer sanften, fast zärtlichen Art. Selbst wenn sie noch so hartnäckig insistierte, wenn sie eine Idee verwarf oder jemanden ablehnte, wenn sie lauter und leidenschaftlicher redete, schienen ihre Augen immer gütig zu lächeln.« Man könnte wohl sagen, daß ihre Ansichten über das Aufstellen einer jüdischen Armee und die Zukunft Palästinas diese Mischung genau widerspiegeln: Sie sind fest, wenn es darum geht, jüdische Rechte zu behaupten, und milde darin, wie sich Juden anderen gegenüber verhalten sollten. Doch jene Mischung war in persönlicher Hinsicht verführerischer als in politischer. Wie sich nämlich herausstellte, trugen Hannah Arendts Gegner in beiden Punkten den Sieg davon: Die britische Politik richtete sich gegen die Idee einer jüdischen Armee; deshalb spielten die amerikanischen zionistischen Organisationen den Vorschlag herunter, aus Furcht, sie könnten durch den Widerstand gegen einen Verbündeten die amerikanische Regierung verärgern. Hingegen waren es die Nationalisten, in mancher Hinsicht sogar die Terroristen, die die zukünftige Gestalt des Staates Israel bestimmten.

Hannah Arendt richtete nun ihre Anstrengungen darauf, die jüdische Sache anders zu unterstützen. Im Jahre

Kibbuz Kinnereth:
Kinder halten Wache,
während die Eltern
auf den Feldern arbeiten.
Foto um 1934

1944 wurde sie Forschungsleiterin einer Organisation, die sich Commission on European Jewish Cultural Reconstruction nannte. Ihre Absicht war es, eine Liste der jüdischen Kulturschätze in den von den Nazis beherrschten Ländern anzulegen, damit diese Zeugnisse jüdischer Vergangenheit nach der Niederlage Deutschlands wieder aufgefunden werden konnten. 1946 begann sie mit der Arbeit als Lektorin in dem New Yorker Verlag Schocken Books, der von einem Freund Blumenfelds namens Salman Schocken gegründet worden war. Hannah Arendts Leistung bestand hier darin, eine wunderschöne deutsche Ausgabe von Kafkas Tagebüchern herauszubringen, nach einem von Kafkas Freund Max Brod besorgten Manuskript, das allerdings wegen Brods Nachlässigkeit unzählige Korrekturen erforderte. 1948 wurde sie Geschäftsführerin der Jewish Cultural Reconstruction. Im folgenden Jahr reiste sie nach Europa, um die Bergung einer riesigen Anzahl von jüdischen Büchern, zeremoniellen Artefakten und Gesetzesrollen zu überwachen und um geeignete Heimstätten dafür in Israel, in Europa und in Amerika zu suchen.

Als dann das Kriegsende näherrückte, bedrängte Hannah Arendt am meisten die Frage, ob sie wohl allmählich auf Englisch schreiben könnte. Nach und nach war sie amerikanischen Schriftstellern begegnet, besonders der mit dem *Partisan Review* in Verbindung stehenden Gruppe. Diese Zeitschrift hatte in den dreißiger Jahren prokommunistisch begonnen. Die Herausgeber, William Phillips und Philip Rahv, hatten sich jedoch scharf gegen Stalins Kommunismus gewandt und zu dieser Zeit die Zeitschrift zum führenden liberalen und intellektuellen Organ in den Vereinigten Staaten gemacht. Phillips und Rahv standen dauernd miteinander auf Kriegsfuß – Rahv war berüchtigt für die beißende Kritik an all seinen engsten Freunden, die er einst als »analytischen Überschwang« rechtfertigte. Doch die beiden hatten viele der besten amerikanischen Schriftsteller als regelmäßige Beiträger um sich geschart: Dichter wie Randall Jarrell und Robert Lowell oder Romanciers wie Mary McCarthy. Sie hatten auch viele europäische Schriftsteller den Amerikanern vorgestellt, beispielsweise George Orwell während des Krieges und Jean-Paul Sartre und Albert Camus kurz nach Kriegsende.

Hier traf Hannah Arendt ein Milieu an, in dem sie sich zu Hause fühlen konnte, obwohl sie instinktiv darauf bedacht war, sich ihre Unabhängigkeit zu erhalten. William Barrett, der damals auch zum Stab des *Partisan Review* zählte, hat beschrieben, wie auch sie die Bekanntschaft mit Hannah Arendt begrüßten. Sie waren, so sagt er, eine »kleine Gruppe von Intellektuellen, die auf die Kulturnachrichten aus Europa warteten«, und Hannah Arendt wurde zu ihrem Dolmetscher: »Sie war sich immer dessen bewußt, von anderswo zu kommen – von etwas Älterem und Tieferem zu sprechen, worunter sie europäische Kultur verstand, etwas, das sie sich in ihrem Innersten bewahrte, so daß sie für uns zu einer Verkörperung der europäischen Präsenz wurde, die in den vierziger Jahren in New York mehr und mehr zu spüren war.« Ein anderer Freund aus der damaligen Zeit, der Kritiker Alfred Kazin, hat ein ähnliches Gefühl sehr lebendig beschrieben:

Hannah Arendt begegnete mir zum ersten Mal bei einer Abendgesellschaft im Jahre 1946. [...] Sie war vierzig Jahre alt, eine gutaussehende, temperamentvolle Frau, die mich und auch andere – keineswegs ohne erotische Ausstrahlung – bezaubern sollte, denn ihr Interesse an ihrem neuen Heimatland und an englischsprachiger Literatur wurde ebenso ein Teil von ihr selbst wie ihr Akzent und ihre Leidenschaft, über Plato, Kant, Nietzsche, Kafka, ja selbst über Duns Scotus zu diskutieren, als lebten sie alle zusammen mit ihr und ihrem energischen Gatten Heinrich Blücher in dem schäbigen Mietshaus in der West 95th Street.

Helen Wolff, eine Verlegerin, die Arendt bei Schocken Books kennenlernte, als sie geschäftliche Dinge zu besprechen hatten, vermittelt uns ein noch intimeres Bild:

Sie war immer direkt, trieb keine Spielchen, war über Manipulation erhaben. Sie hatte eine entwaffnende Art, ›okay, okay‹ zu sagen, wenn sie sich einem Argument beugte, gebrauchte Berliner Jargon, nannte Erwachsene ›Kindchen‹ und schien sich im allgemeinen in der Welt wohl zu fühlen.

Doch die wichtigste neue Freundschaft, die Hannah Arendt nun schloß, eine Freundschaft, die bis zu ihrem Tode halten sollte, war die mit Mary McCarthy. Sie freundeten sich keineswegs sogleich an, was bei so starken Persönlichkeiten häufig der Fall ist. Der Kunstkritiker Clement Greenberg, auch jemand aus dem Kreis des *Partisan Review*, stellte die beiden im Jahre 1943 in einer New Yorker Hotelbar zum ersten Mal einander vor. Sie trafen sich dann bei einer von Philip Rahvs Freitagabend-Parties im Jahr darauf wieder, als die Franzosen gegen die zurückweichenden Deutschen zu den Waffen griffen. Als Mary McCarthy eintraf, sagte sie ironisch, aber provozierend, sie habe Mitleid mit Hitler. Hannah Arendt wandte sich daraufhin an ihren Mann, bat ihn, sie nach Hause zu bringen, und sagte zu ihr: »Wie kannst du so etwas vor mir sagen, einem Opfer Hitlers, das in einem Konzentrationslager war!«[1]

Sie sahen sich jedoch weiterhin, weil sie beide auch Mitglieder des Redaktionskomitees eines anderen Magazins waren, nämlich der von dem überschwenglichen Dwight Macdonald herausgegebenen Zeitschrift *Politics*. Hannah Arendt sprach normalerweise nicht mehr direkt mit Mary McCarthy, doch sie stellten zum wiederholten Male fest, daß sie zu den aufgeworfenen Fragen ähnliche Meinungen vertraten. Zwei Jahre und einen Tag nach dem Vorfall bei Rahv gingen sie gemeinsam zur U-Bahn-

Station herunter, als Arendt plötzlich sagte: »Laß uns Schluß damit machen, ja? Wir sind uns immer einig, und wir sind uns immer gegen alle anderen einig. Außerdem – ich muß dir ein Geständnis machen. Ich war nie in einem Konzentrationslager.« Natürlich war sie schon in einem Internierungslager gewesen, und sie hatte damals bei Rahv das Gefühl gehabt, sie könne ihre Behauptung rechtfertigen, um im Interesse aller Juden zu sprechen. Mit diesem Geständnis begann die lange und enge Freundschaft zwischen den beiden Frauen.

Mary McCarthy

Hannah Arendts erster Artikel in der *Partisan Review* war eine Neubewertung Franz Kafkas, die im Herbst 1944 erschien. Schon bald begann sie, Artikel über politische Geschichte und politische Ideen beizusteuern, die später zu Teilen von *The Origins of Totalitarianism* werden sollten. Sie schrieb auf Englisch, und William Phillips half ihr bei den sprachlichen Korrekturen und Verfeinerungen, behinderte jedoch keineswegs ihren eindringlichen, oft epigrammatischen Stil, sondern ließ ihn noch stärker zum Vorschein kommen. Schon 1946 verfaßte Arendt auch Beiträge für andere amerikanische Zeitschriften, darunter für *Sewanee Review*, *Nation* und *Commentary*. Viele dieser Artikel enthielten Material, das in ihr Buch Eingang finden sollte. Eine junge Frau namens Rose Feitelson, die sich gerne in der Gesellschaft von New Yorker Schriftstellern und Intellektuellen bewegte und für sie in Greenwich Village Parties veranstaltete, wurde Hannah Arendts regelmäßige »Verenglischerin«. Arendt hielt auch Vorträge, und zwar sowohl am Brooklyn College als auch an einer von deutschen Emigranten gegründeten Institution, der New School for Social Research.

Doch Hannah Arendts Hauptinteresse galt nun ihrem Buch. Etwas von der darin steckenden Leidenschaft kommt in dem kurzen Artikel ›Organisierte Schuld‹ zum Vorschein, den sie schon 1944 für die deutschsprachige Zeitschrift *Die Wandlung* schrieb und dessen Übersetzung ein Jahr später unter dem Titel ›Organized Guilt and Universal Responsibility‹ in *Jewish Frontier* erschien. Arendts Leben in New York verlief nun geregelter, und sie hatte endlich etwas mehr Geld zur Verfügung, das sie zur Verbesserung ihrer Lebensverhältnisse verwenden konnte. Aber sie hörte trotzdem nicht auf, als Paria zu sprechen. In diesem Artikel wetterte sie gegen »›Jobholders‹ und gute Familienväter«, die unter dem Druck des Nazi-Regimes zu den Greueltaten geschwiegen hatten, und bezeichnete den Familienvater als »den großen Verbrecher des Jahrhunderts«.[2] Wir seien kaum gewahr geworden, »wie der treusorgende Hausvater, der um nichts so besorgt war wie Sekurität, sich unter dem Druck der chaotischen ökonomischen Bedingungen unserer Zeit in einen Abenteurer wider Willen verwandelte, der mit aller Sorge des nächsten Tages nie sicher sein konnte. [...] Es hatte sich herausgestellt, daß er durchaus bereit war, um der Pension, der Lebensversicherung, der gesicherten Existenz von Frau und Kindern willen Gesinnung, Ehre und menschliche Würde preiszugeben.«[3] Dieser Artikel findet sich nicht direkt in ihrem Buch wieder, aber eines der Leitthemen kündigt sich hier schon kraftvoll und grell an.

Es mag in gewisser Weise wie ein Kommentar zum scharfen Ton dieses Artikels aussehen, wenn Hannah Arendt später anmerkte, daß ihr die Jahre von 1945 bis 1949, also die Jahre, die sie mit dem Abfassen von *The Origins of Totalitarianism* verbrachte, in der Rückschau als die erste vergleichsweise ruhige Zeit nach Jahrzehnten des Aufruhrs, der Verwirrung und des nackten Grauens erschienen. In jenen Jahren konnte man allmählich einen Blick auf zeitgenössische Ereignisse werfen, zwar immer noch voller Gram und Schmerz und deshalb mit der Neigung, ein Klagelied anzustimmen, aber nicht mehr in sprachloser Wut und ohnmächtigem Grauen. Das Buch, ein Werk von 250 000 Worten, erschien in den Vereinigten Staaten Anfang 1951. In Großbritannien kam es ein Jahr später unter dem Titel *The Burden of Our Time* heraus. Was wollte Arendt mit diesem schmerzvollen Destillat, in dem sich so viele Ideen und Erfahrungen ihres bisherigen Lebens niederschlugen, eigentlich erreichen?

Der Ausgangspunkt der Konzeption und der Endpunkt der Darstellung von *The Origins of Totalitarianism* sind die Vernichtungslager der Nazis. Hannah Arendt schilderte den Terror und den Völkermord, für die jene

Lager geschaffen wurden, als das notwendige Ziel der gesamten wirbelnden und vorwärtstreibenden Bewegung des Nazi-Totalitarismus. Sie will die Frage stellen: Wie konnten diese unvorhersehbaren und bis dato unvorstellbaren Greuel in der Geschichte der Menschheit geschehen? Können wir diese unbeschreibliche Schande für alle uns einst lieben Vorstellungen von der Würde des Menschen – oder zumindest von seiner prinzipiellen Vernunft und seinem ›gesunden Menschenverstand‹ – allmählich begreifen?

Hannah Arendt glaubte nicht daran, daß man Geschichte einfach kausal erklären könne. Menschliches Handeln läßt sich ihrer Meinung nach nie völlig aus dem, was vorausgegangen ist, begründen, selbst nicht im späteren Rückblick. Ereignisse können jedoch in Menschen zumindest eine Prädisposition für gewisse Verhaltensweisen erzeugen oder es ihnen erleichtern, sich so zu verhalten. In den beiden ersten Teilen ihres Buches durchstreift Arendt die Geschichte der letzten zweihundert bis dreihundert Jahre und macht Ereignisse ausfindig, die letzten Endes für das Entstehen des Totalitarismus eine solche Rolle gespielt haben könnten. Das Buch trug ursprünglich einmal den provisorischen Titel *Die drei Säulen der Hölle:* Die beiden ersten ›Säulen‹, welche den jeweiligen Gegenstand der ersten beiden Teile darstellen, sind der ›Antisemitismus‹ und der ›Imperialismus‹ – als dritte Säule hatte Arendt den ›Rassismus‹ vorgesehen, doch baute sie ihn in den Teil über den Imperialismus ein. Ihre Untersuchungen sind erstaunlich reich an Tatsachen und auch an Spekulationen. Autor und Leser lassen sich bisweilen von der schieren Faszination des Gegenstandes hinwegtragen, doch verliert Arendt ihr Ziel nie aus den Augen.

Hannah Arendt beginnt mit der Beschreibung der Nationalstaaten Europas, wie sie sich am Ende der Feudalära entwickeln. Hier existierte noch eine Welt legitimer und begrenzter Konflikte: innerhalb einer jeden Nation die Konflikte zwischen den verschiedenen Klassen und zwischen den verschiedenen Parteien; in Europa als Ganzem gesehen, die Konflikte zwischen den verschiedenen Nationen, ohne daß eine davon den Wunsch gehabt hätte, das gute Einvernehmen der Nationen zu zerstören.

Arendts Ausgangsfrage lautet: Wie konnte der Antisemitismus in solch einem Europa überhaupt an Einfluß gewinnen? Arendt gibt zwar nicht den Juden die Schuld für die Feindseligkeit, mit der man ihnen zu verschiedenen Zeiten und an verschiedenen Orten begegnete, aber ruhig und leidenschaftslos betont sie, daß diese Feindseligkeit oft verständlich war. Sie will die Ansicht nicht akzeptieren, daß die Juden völlig willkürlich zu Sündenböcken für wütende Leidenschaften gestempelt wurden. Sie will auch nicht akzeptieren, daß der moderne Antisemitismus schlicht eine Fortsetzung des uralten Konflikts zwischen den Juden und Nichtjuden ist, ohne irgendwelche besondere und beschleunigende Umstände. Arendt betrachtet eigentlich beide Ansichten als den Juden abträglich, denn dadurch werden sie von ihrer eigenen Verantwortung für den Platz, den sie in der Welt einnehmen, entbunden.

Juden rückten in weiten Teilen Europas als Bankiers für die Königshöfe und für die Aristokratie ins Blickfeld; einige von ihnen erreichten hohe gesellschaftliche Positionen. Im 19. Jahrhundert wandten sich jedoch die Monarchen und Regierungen, so behauptet Arendt, wegen ihrer finanziellen Bedürfnisse immer mehr an die neue kapitalistische Bourgeoisie, während sich umgekehrt die Bourgeoisie von nun an stärker an der Regierung beteiligte. Die wohlhabenden Juden verloren so ihre besondere Funktion. Nun fielen sie in der Gesellschaft noch weit

DER MARSCHALL UND DER GEFREITE

MONTAGE
BAUER
MÜNCHEN

V / 1

KÄMPFEN MIT UNS FÜR FRIEDEN UND GLEICHBERECHTIGUNG

*Der 30. Januar 1933
in Deutschland*

mehr auf, denn sie besaßen zwar Geld, aber offensichtlich keine Macht und waren zu nichts zu verwenden. Das rief Verbitterung bei allen Klassen hervor. Solche Bedingungen zerschneiden alle Bande, die die Menschen vereinen. Einem Reichtum, der nicht ausbeutet, fehlt die Verbindung, die zwischen dem Ausbeuter und dem Ausgebeuteten besteht; Unnahbarkeit ohne Politik signalisiert nicht einmal das geringste Interesse des Unterdrückers für den Unterdrückten.[4]

Diese antijüdischen Gefühle entsprachen nicht genau jenen, die Hitler später zum Ausdruck brachte und im deutschen Volk entfachte; aber daraus entwickelte sich ein europäisches Erbe der Feindseligkeit, das für Hitler den Weg bereiten half. Und die Juden schützten sich als Gruppe nicht gegen eine solche Feindseligkeit, denn sie waren gespalten in jene erfolgreichen Juden, die immer noch eine Rolle in den oberen Schichten der Gesellschaft spielen wollten (aus vielen von ihnen wurden tatsächlich großartige Künstler und Denker), und in die Mehrheit, die sich auf ihre Traditionen zurückzog und am politischen oder gesellschaftlichen Leben des Landes, in dem sie wohnte, keinen Anteil nahm. (An dieser Stelle trifft Hannah Arendt ihre wichtige Unterscheidung zwischen Parvenüs und Parias. Wir haben auch bereits gesehen, daß sie den Juden den Mangel an politischem Gespür im Zweiten Weltkrieg noch immer anlastete.)

Hannah Arendt flicht in ihre Argumentation lebendige Schilderungen bezeichnender Episoden ein, die ihren Gedankengang in mehrfacher Weise indirekt illustrieren, beispielsweise Benjamin Disraelis Aufstieg zur Macht in Großbritannien. Disraeli nutzte die Vorstellung, die Juden seien ein eigenes Volk, als Quelle des Glanzes und Geheimnisses für sich selbst nach Kräften bei den Nichtjuden aus, obschon das seinem eigenen Volk recht wenig nützte. Dann, am Ende des 19. Jahrhunderts, die Affäre

Dreyfus in Frankreich: Sie trieb den Mob, das Treibgut wurzelloser und gewalttätiger Stadtbewohner, gegen die vermeintlich unpatriotischen Juden auf die Straße, und zwar in einer Art und Weise, die schon viel deutlicher ahnen ließ, was dann zuerst im Nazi-Deutschland geschehen sollte. Allerdings endete die Episode schnell und wie eine Farce, als die französische Nation ihre Aufmerksamkeit darauf richtete, die im Jahre 1900 in Paris stattfindende Weltausstellung zu einem Erfolg zu machen. (Eigentlich lag die dauerhafteste Auswirkung der Affäre für die Juden darin, daß so die zionistische Bewegung entstand.)

Nach diesem provozierenden und ironischen Ausflug in die Geschichte des Antisemitismus wendet Hannah Arendt ihr Interesse der zweiten − und vielleicht noch unerwarteteren − Säule der Hölle zu, die in den dreißiger Jahren auf Europa zukommen sollte, dem Imperialismus. Hier stellt Arendt eine noch weit stärker um sich greifende, die Stimmung in der Welt beeinflussende Wirkung fest, die den totalitären Regimes eine Chance bieten sollte. Arendt zeigt auf, wie die imperialistische Ausdehnung Europas einen noch eklatanteren Bruch mit den etablierten Rechtstraditionen und einen vernichtenderen Angriff auf die Menschenrechte nach sich zog, als ihn sich die Völker Europas bisher hatten zuschulden kommen lassen. Doch letztlich sollte Europa, so argumentiert Arendt, selbst zum Opfer dieser Mißachtung seiner eigenen politischen Ideale werden.

Wie beim Aufstieg des modernen Antisemitismus führt uns Hannah Arendt zunächst einmal zu einer wirtschaftlichen Veränderung zurück, zu der Tatsache, daß Europa dank des rapiden Wachstums der industriellen Produktion auf dem Kontinent im späten 19. Jahrhundert einen Überfluß an Kapital verzeichnen konnte. Großbritannien, Frankreich, Deutschland und Belgien richteten ihre

Blicke nach Übersee, um dieses Kapital zu nutzen, und rissen aus diesem Grunde riesige neue Gebiete an sich. Bezeichnend für die Jahre von 1884 bis 1914, also die Zeit des Imperialismus, »ist die atemberaubende Schnelligkeit, mit der sich die Ereignisse und Entwicklungen in Afrika und Asien abspielen, und die eigentümliche, unheimlich stagnierende Ruhe, die sich im gleichen Zeitraum auf Europa gelegt hatte. [...] ›Expansion is everything‹, meinte Cecil Rhodes, der erste, der in Erdteilen dachte und nach den Sternen greifen wollte, um sie zu annektieren. ›I would annex the planets if I could.‹ Expansion ist das neue Prinzip des Zeitalters, das alles in Bewegung brachte.«[5] Rhodes geriet jeden Abend in Verzweiflung, wenn er über sich diese Sterne und die riesigen Welten sah, die er nie erreichen konnte.

Hannah Arendt schildert die gesamte Geschichte des Imperialismus vor dem Hintergrund des »ihr inhärenten Wahnsinns«[6] und des Widerspruchs zum menschlichen Leben. Wie Rhodes bereitwillig gezeigt hatte, gab es keine verständliche Absicht und keinen Punkt, an dem man ein vernünftiges Ziel erreicht hätte: nur Expansion, weil jetzt die Möglichkeit zur Expansion bestand. Hier war eine klare Vorwegnahme der totalitären Geisteshaltung zu erkennen.

So, wie die großen neuen Kolonien regiert wurden, schuf man andere Präzedenzfälle. Die neue imperialistische Herrschaft bestand weder aus begrenzter, eigens zu diesem Zwecke erfolgter Eroberung und Ausbeutung, der sich die Menschen immer schon schuldig gemacht hatten, noch aus der Aufnahme der Kolonien in den Staatsverband der herrschenden Nation (mit Ausnahme Frankreichs, wo dies, wie Arendt behauptet, einzig und allein den Tod unzähliger schwarzer Truppen in der französischen Armee zur Folge hatte). Man brachte nun riesige Landflächen völlig unter seine Herrschaft, nicht auf rechtsstaatlichem Wege, sondern per Erlaß: Die Einheimischen wurden allein aufgrund ihrer Rasse und Hautfarbe zu minderwertigen Bürgern erklärt. Natürlich setzte man in Europa dieser Politik Widerstand entgegen, wobei unglückliche Politiker eine Front gegen begeisterte Geschäftsleute bildeten. Doch der einzige Glanz des Imperialismus liegt darin, wie Arendt es formulierte, daß die Nation den Kampf dagegen verliert. Sie erkennt durchaus an, daß viele koloniale Verwaltungsbeamte, besonders britische, sich sehr für das Wohlergehen der Einheimischen einsetzten und sich häufig für bessere Vorbilder nationaler Anständigkeit, für heldenhafte Diener der Nation, hielten als die Leute zu Hause. Doch das hieß trotzdem Herrschaft der Oberen über die Unteren und verschlimmerte noch das Gefühl rassischer Unterschiede auf beiden Seiten.

Hannah Arendt liefert uns einige brillante Skizzen von Typen, die in diesen Jahren in die Kolonien zogen: enteignete Adelige und wurzellose Männer des Mob, die sich nun auf der einzigen ihnen noch verbleibenden gesellschaftlichen Basis, nämlich ihrer Zugehörigkeit zur weißen Rasse, vereinten; vornehme, jedoch lächerliche Abenteurer wie Lawrence von Arabien, der den Sinn seines Lebens nur im großen Spiel der Weltpolitik finden konnte, das sich über alle menschlichen Erwägungen hinwegsetzte; der britische Bürokrat, der nicht mehr an die universelle Gültigkeit von Gesetzen glaubte, sondern von der ihm angeborenen Fähigkeit zu herrschen und zu beherrschen überzeugt war.[7] Mit diesen Leuten scheint, wie Hannah Arendt meint, das Szenarium für alle möglichen Greuel gesetzt zu sein. »[...] da schienen in der Tat alle Elemente für jedermann greifbar vorzuliegen, die nur zusammengeschmolzen zu werden brauchten, um ein totalitäres Regime auf der Basis einer Rassendoktrin zu errichten.«[8]

In der europäischen Heimat hatte der Imperialismus noch weitere Auswirkungen, denn er brachte den Kontinent dem Nazismus und Bolschewismus näher. Die alldeutschen und panslawischen Bewegungen wuchsen in den Nationen Mittel- und Osteuropas an, besonders in Österreich und Rußland. Sie hatten von der triumphalen imperialistischen Expansion der westlichen Nationen in den achtziger Jahren Impulse erhalten: Das Gefühl verstärkte sich, daß diese Nationen »»dasselbe Recht wie andere große Völker [hätten, sich] auszudehnen, und wenn man in Übersee diese Möglichkeit [ihnen] erschwerte, [blieben sie] gezwungen, sie in Europa zu betätigen« [Ernst Hasse]«.[9] Die tatsächliche Möglichkeit zur Expansion war natürlich nicht ernst zu nehmen. Doch solche Ideen sprachen besonders das wurzellose Element des Mob in Europa an, und es dauerte nicht lange, bis dieser völkische Nationalismus anfing, nach Feinden zu suchen, und sie in den Juden fand. Hier lagen die Anfänge des Antisemitismus im späten 19. und 20. Jahrhundert, der zweifellos latente, aus der Geschichte ererbte Gefühle wiederbelebte, freilich in neuer und virulenterer Form, auf eine blinde und anspruchslose Art rassistisch. Man konnte die Juden – genau wie die Slawen und die Deutschen – als Volksstamm ohne Grenzen ansehen, jedoch als einen gegnerischen. Diese Art von Nationalismus war Parteien feindlich gesonnen und bevorzugte gebieterische Führer und Herrschaft per Erlaß.

Der Erste Weltkrieg lieferte Hannah Arendt das Material für den letzten Schliff an ihrem Bild von den Ursprüngen des Totalitarismus. Im Gefolge dieses Krieges stellten sich Inflation, Konkurse und Arbeitslosigkeit ein, und die Reihen der Zwangsvertriebenen und Hoffnungslosen, die bereitwillig nach jedem Strohhalm griffen, füllten sich. Das Entstehen neuer, kleinerer Nationen schuf überall unzufriedene Minderheiten, die nicht bei ihrer eigenen Regierung um Unterstützung nachsuchten, sondern bei ihrer Rasse jenseits der Grenzen. Unzählige Menschen zogen aus Furcht – oder gewaltsam vertrieben – in Exilländer, wo sie staatenlos blieben (Arendts eindringliche Beschreibung der Staatenlosigkeit, die ich schon vorher zitiert habe, folgt an dieser Stelle). Europa gewöhnte sich allmählich an die Idee, daß es Menschen ohne Rechte gab, die von den Regierungen ungehindert schikaniert oder ausgewiesen werden konnten. Auch die Regierungen selbst wurden – wie schon im Deutschland der Weimarer Republik – in dieser chaotischen Situation zu Objekten der Verachtung.

Das bringt uns zum dritten Teil ihres Buches, zum Totalitarismus. Hier unternimmt Hannah Arendt nicht etwa den Versuch, Hitlers oder Stalins Aufstieg zur höchsten Macht Schritt für Schritt zu schildern. Sie zeigt vielmehr auf abstraktere Art, wie sich in diesen Systemen die wichtigen Elemente des Totalitarismus vereinigten oder ›kristallisierten‹.

Hannah Arendt zufolge ist die grundsätzliche Vorbedingung für den Erfolg des Nazismus das Erscheinen des Massenmenschen in Europa. Jenseits des vergleichsweise kleinen Mob der völlig Entwurzelten befanden sich, wie Arendt meint, die Massen: eine große Anzahl von atomisierten, isolierten Individuen, die kein bestimmtes Gruppen- oder Klassengefühl hatten und sich danach sehnten, aus ihrem willkürlichen, unverständlichen Kurs des täglichen Lebens in »die fiktive Konsistenz einer Ideologie« zu entfliehen. Der Totalitarismus lockt die ungebundenen Massen durch seine größenwahnsinnige Propaganda zur Treue an, bietet ihnen die Beherrschung der Welt als Ziel dar und liefert ihnen überall Feinde, die man fürchten und hassen muß; gleichzeitig zwingt er sie durch Schrecken zur Treue, indem er sich des rücksichtslosen und willkürlichen Mordes bedient.

Der Totalitarismus nimmt nicht für sich in Anspruch, eine bestimmte Gruppe – oder in den ersten Stadien alle Gruppen – zu repräsentieren.

In einer Zeit, in der Nationalismus und Sozialismus die populären Brennpunkte des politischen Fanatismus darstellten, in der diese Schlagworte die ideologische Wasserscheide zwischen Rechts und Links hergaben und daher für schlechthin unvereinbar gehalten wurden, warf die ›National-Sozialistische Deutsche Arbeiterpartei‹ eine Synthese auf den Wortmarkt, die nationale Einheit versprach. Schon mit ihrem Namen, der sich mit der Addierung des Nationalen und Sozialistischen nicht begnügte, sondern ihm zur Sicherheit noch die (rechte) Handelsmarke ›Deutsch‹ und die (linke) ›Arbeiter‹ anheftete, stahl die Bewegung allen anderen Parteien ihre politischen Gehalte und prätendierte, sie alle in sich zu verkörpern.[10]

Hitler fand Deutschland bereits ein gutes Stück auf dem Wege zu einem ›atomisierten‹ Zustand vor; Stalin mußte mit Säuberungen und Morden Klassen und Parteien zerstören, ja, schließlich sogar die einzige noch verbliebene Gruppe, seine eigene Bürokratie. Am Ende hatten sie beide, was sie wollten, eine gefügige Masse, die keinerlei Regung zeigte, sich an jemand anders als an ihren Führer zu wenden.

Der Totalitarismus bietet auch kein klares oder spezifisches Programm, weil dies zum Erreichen eines Ziels, zu einem Stillstand, zu einem Nachlassen führen könnte. Wie beim Imperialismus des späten 19. Jahrhunderts stellen Bewegung und Expansion sein unendliches Ziel dar. Sein einziges und oberstes Bestreben ist die völlige Beherrschung des Menschen. Dies zieht die Zerstörung eines jeglichen Moralgefühls bei den Anhängern wie auch bei den Opfern nach sich, sodann die unablässige Ermordung von Menschen, um diese Beherrschung auf Dauer wiederherzustellen und die in Gang befindliche Triebkraft der Bewegung zu sichern. Die Juden eigneten sich sogleich als erste Feinde, die es zu überwinden galt, denn man konnte sie als Mitglieder einer weltweiten, gegen das deutsche Volk gerichteten Verschwörung hinstellen. Sobald das erreicht war, verlieh ihre Ausrottung dem Nazismus eine Eigendynamik, die so lange anhalten konnte, wie auch nur ein einziger Jude noch am Leben war. Arendt zufolge kam Hitler der Zweite Weltkrieg nicht so sehr deswegen gelegen, weil er die Ausdehnung deutschen Territoriums ermöglichte. Hitler begrüßte vielmehr das Aufleben des Fanatismus, den der Krieg in Sachen Judenmord entfachen würde. In einer ihrer anschaulichsten Formulierungen beschreibt Arendt den Totalitarismus als eine Bewegung »überflüssiger Menschen, die versuchen, Menschen überflüssig zu machen«.

Hannah Arendt sieht als eigentliche Antriebskraft hinter dem ganzen gräßlichen Phänomen des Totalitarismus einen Impuls in seinen Führern, den sie nur als »radikal böse« beschreiben kann. Sie hatten den Wunsch, das ganze Universum in Material für ihre private Phantasie zu verwandeln. Sie jubelten darüber, daß sie sich keinerlei Beschränkung mehr auferlegen mußten, die dieser Phantasie Grenzen setzte, hatten tatsächlich ihre wahre Freude daran, eine Rasse oder andere riesige Gruppen zu töten, die sie als ihre Feinde hervorgezaubert hatten, und konnten zu ihrer Genugtuung beweisen, daß ihnen jede Tat, wie unvorstellbar abscheulich sie auch bis dahin gewesen sein mochte, möglich war.

The Origins of Totalitarianism schildert keine eng zusammenhängende Geschichte historischer Ursache und Wirkung, die den Aufstieg des Nazismus und Stalinismus erklärt. Das Buch macht auch keine anderen Aussagen über die eigentliche Antriebskraft in der Psychologie von Menschen wie Hitler oder Stalin, als daß sie das radikal Böse in ihnen weckt. Doch während der Lektüre des Werkes spielt sich der ganze Alptraum noch einmal vor unseren Augen ab, und das in einer Art und Weise, die die Behauptung zutreffend erscheinen läßt, daß wir begonnen haben zu begreifen.

Das Buch sorgte in Amerika für Furore. Stärker als alle anderen Schriften der Politikwissenschaft oder Berichte der Journalisten, stärker auch als alle persönlichen Memoiren schien es die Ereignisse der vorangegangenen zwanzig Jahre in Europa ins Blickfeld zu rücken. Doch es

Lenin und Stalin in Gorki 1923

meldeten sich auch viele Kritiker zu Wort. Orthodoxe Historiker und Politologen, die auf gründliche Dokumentation und sorgfältige, empirische Behandlung der Fakten Wert legten, waren der Ansicht, daß sich Hannah Arendts pauschaler, oft sehr abstrakter Zugang zu solch schwierigen Fragen nicht lohnte und in die Irre führte. Das galt besonders für die Abschnitte über den Stalinismus, die, wie Hannah Arendt selbst zugab, auf einer weniger fundierten Kenntnis des Gegenstandes beruhten als ihre weitaus überzeugendere Behandlung des Nazismus. Isaiah Berlin, zeit seines Lebens ein Kritiker Hannah Arendts, der nach englischer und amerikanischer Tradition die politische Geschichte empirisch angeht, meinte mir gegenüber, zweifellos mit einer Spur bewußter Verschmitztheit: »Bei ihr stimmt kein einziges Faktum über Rußland.«

Die Abschnitte über den Stalinismus riefen auch die Kritiker aus einer ganz anderen Ecke auf den Plan. Weil Hannah Arendt Hitler und Stalin miteinander vergleicht, beschuldigten sie viele linksorientierte und selbst liberale Schriftsteller, die Ziele des Kommunismus zu verleumden und den Kalten Krieg zu einem Zeitpunkt anzuheizen, wo eine verständnisvollere Haltung Rußland gegenüber angebracht wäre. Auch die Juden kritisierten das Buch. Obwohl das Schicksal der Juden in Deutschland Hannah Arendt zu ihrem Werk inspirierte, zeichnete sie kein besonders freundliches oder gar heroisches Bild von ihnen.

Trotzdem vermittelt die Lektüre des Buches auch heute noch eine tiefgehende Erfahrung. Es ist ein erschütterndes Werk und eine grimmige Warnung – die an Bedeutung nichts verloren zu haben scheint – vor der menschlichen Neigung, in den Glauben an schreckliche und selbstdienliche Mythen zu verfallen, wobei ständig die Gefahr besteht, daß grausame und wahnsinnige Mythen dann jene selbst verschlingen. Alfred Kazin hat erklärt, die Darstellung des Totalitarismus im Schlußabschnitt habe die Kraft »einer gewaltigen literarischen Idee, wie die Struktur von Dantes Hölle«. Dieser Ausspruch kann so stehenbleiben und setzt den Wert des Buches nicht herab: Es mag faktische Ungenauigkeiten aufweisen, aber es besitzt jene Treue gegenüber menschlicher Erfahrung, die Literatur auszeichnet. Außerdem haben auch das Glimmen und Flackern des normalen menschlichen Lebens, die sich gelegentlich in der Dunkelheit zeigen, eine Wehmut, die seltsam belebend wirkt. Die Konflikte der Menschen, die ihren normalen, verständlichen Geschäften nachgehen, werden akzeptabel, ja sogar zum Gegenstand der Nostalgie, und dem totalitären Universum unendlicher, bedeutungsloser Gewalt gegenübergestellt. Eine beiläufige Bemerkung, die Hannah Arendt über Lawrence von Arabien macht – ihm fehle das ruhige gute Gewissen einer begrenzten Leistung –, schleudert einen zurück in das Leben, das Hannah Arendt die ganzen Jahre mit Erfolg beibehalten hatte. In ihrem Schlußkapitel, das sie zwei Jahre nach der Erstveröffentlichung, im Jahre 1953, hinzufügte, stellte sie den totalitären Traum auf den Kopf. Wenn dem Menschen alles möglich war, wie die Nazis zu zeigen versuchten, indem sie das Böse ins äußerste Extrem steigerten, dann war auch etwas anderes möglich, nämlich ein Neuanfang. Der Neuanfang ist die höchste Fähigkeit des Menschen und politisch mit der Freiheit des Menschen identisch. *»Initium ut esset, creatus est homo* – ›damit ein Anfang sei, wurde der Mensch geschaffen‹, sagt Augustin. Dieser Anfang ist immer und überall da und bereit. Seine Kontinuität kann nicht unterbrochen werden, denn sie ist garantiert durch die Geburt eines jeden Menschen.«[11]

5

1951 – 1958:
Vita activa

1951, im Jahr des Erscheinens von *The Origins of Totalitarianism*, erhielt Hannah Arendt endlich die amerikanische Staatsbürgerschaft; die Heinrich Blüchers folgte ein Jahr später. Beide waren dafür zutiefst dankbar. Arendt übte zwar in späteren Jahren häufig Kritik an Amerika, doch stellte sie auch fest, daß seine Gründungsväter jenes Ideal der politischen Freiheit verkörperten, das zum Gegenstand ihres nächsten Buches, *The Human Condition*, werden sollte. Sie wußte die Möglichkeit zu schätzen, daß Juden und andere naturalisierte Einwanderer in den USA all ihre politischen Rechte wahrnehmen konnten und nicht vorgeben mußten, sie seien andere Menschen, als sie in Wirklichkeit waren. Hier mußte sich ein Jude nicht zwischen Parvenü oder Paria entscheiden: Er konnte amerikanischer Staatsbürger sein und trotzdem, ohne dadurch in einen Konflikt zu geraten, auch seiner Abstammung treu bleiben.

Martha Arendts zweiter Mann, Martin Beerwald, war 1942 an einem Schlaganfall gestorben. Der Tod hatte ihn in einem Altersheim in einem nur für Juden bestimmten Teil Königsbergs ereilt, aber Beerwald hatte nicht unter den Nazis leiden müssen. Martha Arendt selbst war 1948 unter traurigen Begleitumständen gestorben. Sie hatte beschlossen, zu ihrer Stieftochter Eva Beerwald nach

London zu ziehen, und reiste mit der *Queen Mary* nach England; aber an Bord des Schiffes verstarb sie.

Hannah Arendt trauerte um sie, doch Blücher machte kein Hehl aus seiner Erleichterung, daß sie nun ihr Leben allein bestimmen konnten. In einem Brief, den er Hannah Arendt schrieb, ging er hart mit ihrer Mutter wegen all der Dinge ins Gericht, die sie seiner Meinung nach Hannah Arendt angetan hatte: »Fürchterlich rasend gemacht aber hat mich ihr dauerndes Blutsaugen an Dir und der totale Mangel an Respekt vor Deiner unglaublichen Leistung. [...] Doch hast Du sicher recht, es hat in ihr einmal ein großes, echtes und eindeutiges Gefühl gegeben, das schließlich in eine Flut von trüben Sentimentalitäten aufgelöst worden ist.«[1] Er fühlte sich, weit mehr als Hannah Arendt selbst, durch den Tod ihrer Mutter wie befreit. Arendt war stark genug gewesen, sich die Freiheit zu verschaffen, die sie haben wollte. Blücher fing wieder an, mit einer fast manischen Leidenschaft zu lesen und zu denken, und schon bald erhielt er Gelegenheit, im Eighth Street Club, einem Künstlerclub in Greenwich Village, Vorträge über seine neu entwickelten Ideen zu Kunst und Geschichte zu halten. Das brachte ihm zu gegebener Zeit bezahlte Lehrtätigkeiten an der New School und am Bard College ein.

Kurz nach Martha Arendts Tod ließ sich Blücher auf eine Affäre mit einer jüngeren Frau ein, die mit Hannah Arendt und ihm befreundet war. Es fiel Arendt schwer, diese Beziehung zu akzeptieren, doch ihre Ehe war ihr wichtiger. Von nun an lebten Blücher und sie in einer neu verstandenen Art von Unabhängigkeit zusammen, und sie gaben sich das Versprechen, daß es zwischen ihnen keine Geheimnisse geben sollte. Einer ihrer neu hinzugekommenen amerikanischen Freunde, Randall Jarrell, zeichnete später in seinem Roman *Pictures from an Institution* ein Porträt der Blüchers, die er dort die Rosenbaums

nannte. Er schilderte ihre Ehe als »Doppelmonarchie«, als
völlig gleichberechtigtes, jedoch innig verbundenes Paar,
das leidenschaftlich dem Partner gegenüber für seine
Ideen eintrat und keine davon voreinander verheimlich-
te, jedoch immer aufmerksam darauf bedacht war, sich
kleine Freuden und Zeichen der Liebe zu schenken.

Hannah Arendt 1955

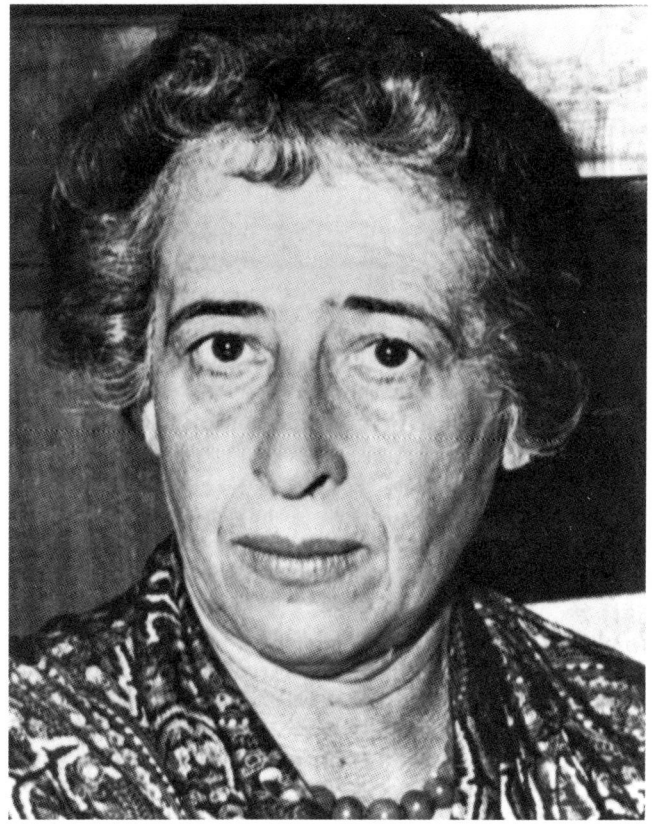

Hannah Arendt hatte sich 1949 ebenfalls auf eine romantische Wallfahrt begeben, als sie für die Jewish Cultural Reconstruction Europa einen Besuch abstattete. Sie verbrachte einige Zeit bei Karl Jaspers und seiner Frau Gertrud und reiste dann im Januar 1950 nach Freiburg zu Martin Heidegger weiter.

Die Nazis hatten Jaspers, der mit einer Jüdin verheiratet war und sich strikt geweigert hatte, mit ihnen in irgendeiner Weise zusammenzuarbeiten, nach 1938 vom akademischen Leben ausgeschlossen und mit einem Publikationsverbot belegt. Die amerikanische Armee kam 1945 gerade noch rechtzeitig nach Heidelberg, um seine Frau und ihn vor der – wie die Nazis es nannten – ›Deportation‹ zu retten. Während all dieser Jahre hatte Jaspers unerschütterlich an seinen Überzeugungen festgehalten und war zu einer Inspiration für all jene Deutsche geworden, die Deutschland als demokratischen Staat wiederaufbauen wollten. Als Hannah Arendt im Jahre 1945 ein Lebenszeichen von ihm erhielt, hatte ihr dies geholfen, die Kontinuität zwischen der verlorenen Vergangenheit und einer Zukunft, an die sie vielleicht glauben konnte, wiederherzustellen. Bei ihrer Begegnung mit Jaspers im Dezember 1949 in seinem neuen Haus in Basel fühlte sie sich sofort menschlich und auch philosophisch zu Hause. Als er 1958 den Friedenspreis des Deutschen Buchhandels erhielt, bat man sie, die Laudatio anläßlich der Preisverleihung in Frankfurt zu halten. Dort sagte sie über Jaspers:

Seine Unantastbarkeit, d. h. nicht die selbstverständliche Tatsache, daß er inmitten der Katastrophe fest blieb, sondern – was viel weniger selbstverständlich war – daß all dies für ihn niemals auch nur zu einer Versuchung werden konnte, besagte für diejenigen, die von ihm wußten, viel mehr noch als Widerstand und Heldentum: Es besagte ein Vertrauen, das keinerlei Bestätigung bedurfte, ein Zutrauen, daß in einer Zeit, in der alles möglich schien, eines eben doch unmöglich blieb. Was Jaspers damals, als er ganz allein war, repräsentierte, war nicht Deutschland, wohl aber die *humanitas* in Deutschland. Es war, als könnte er allein in seiner Unantastbarkeit den Raum erhellen, den die Vernunft zwischen den Menschen schafft und garantiert, und als könne die Helle und Weite dieses Raumes auch dann überdauern, wenn nur noch einer in ihm übrig bleiben sollte.[2]

Hannah Arendts Begegnung mit Heidegger war völlig anders verlaufen. Heidegger hatte zumindest eine Zeitlang geglaubt, der Nazismus biete vielleicht die Möglichkeit, zu jener tiefen Empfänglichkeit für das Sein zurückzukehren, nach der er suchte. Er war in die NSDAP eingetreten und im Jahre 1933 von den Nazis zum Rektor der Freiburger Universität ernannt worden. Heidegger sprach vor allen Leuten von der Vortrefflichkeit dieses öffentlichen Erwachens und untersagte seinem ehemaligen Lehrer Husserl das Betreten der Universität, weil er Jude war. Heidegger widerrief später diese Ansichten nie, er hüllte sich lediglich in Stillschweigen. Die Behörden der Alliierten in Deutschland erteilten ihm von 1945 bis 1951 Lehrverbot, obwohl er sich ihnen für die Reedukation des deutschen Volkes zur Verfügung stellte. In ihrem 1946 im *Partisan Review* erschienenen Artikel über die Existenzphilosophie hatte sich Arendt zu »der realen Komik« dieses Angebots von Heidegger bissig geäußert, doch hinzugefügt – sie konnte nämlich ihre Zärtlichkeit und den in ihr steckenden Drang, ihm zu vergeben, nicht unterdrücken: »Heidegger ist faktisch (hoffentlich) letzter Romantiker – gleichsam ein gigantisch begabter Friedrich Schlegel oder Adam Müller, deren komplette Verantwortungslosigkeit bereits jener Verspieltheit geschuldet war, die teils aus dem Geniewahn und teils aus der Verzweiflung stammt.«[3]

Heidegger sprach immer noch Hannah Arendts Sinn für alles Romantische und Dramatische an. Als sie nach

Freiburg kam, schickte sie ihm von ihrem Hotel aus eine nicht unterschriebene Nachricht, in der sie ihm schlicht mitteilte: »Ich bin hier.« Wie sie es sich erhofft hatte, wußte er nicht nur, wer dahintersteckte, sondern er eilte auch sogleich zu ihr. Wie sich herausstellte, verkörperte sie für ihn noch genau das, was sie fünfundzwanzig Jahre vorher gewesen war – er schien sich kaum dessen bewußt zu sein, was in jenen Jahren geschehen war und was sich vielleicht zwischen sie gedrängt hatte. Arendt war sich darüber im klaren, daß diese Beziehung keine Zukunft haben konnte, doch nach ihrer Begegnung mit Heidegger kam sie zu dem Schluß, es sei richtig gewesen, ihn nicht zu vergessen. Hinterher stand auf ihrem Schreibtisch in New York immer ein Foto von ihm.

Martin Heidegger. Foto um 1949

Nachdem Hannah Arendt jedoch jetzt, im Jahre 1951, mit ihrem ersten Buch Erfolg gehabt hatte, begann für Blücher und sie eine neue Phase in ihrem Leben. Sie gaben ihre Zimmer in der West 95th Street auf, nahmen sich eine Wohnung im Morningside Drive, wo sie beide ein eigenes Arbeitszimmer hatten, und richteten die Wohnung langsam mit den schweren Biedermeier-Möbeln ein, von denen sie in ihrer Jugend umgeben gewesen waren. Die Guggenheim Foundation gewährte Hannah Arendt ein Stipendium, mit dessen Hilfe sie sich der Arbeit an ihrem neuen Buch widmen konnte, und sie bekam allmählich auch Einladungen zu Vorträgen an amerikanischen Universitäten. Im Jahre 1953 hielt sie im Rahmen der in Princeton stattfindenden Christian-Gauss-Seminare über Kritik eine Vorlesungsreihe zum Thema ›Marx and the Great Tradition‹ und 1955 in Berkeley einige Vorträge über politische Geschichte.

Hannah Arendt hatte jene Teile ihres Buches, die den russischen Totalitarismus behandelten, zum Teil damit verteidigt, daß der Totalitarismus eine klar erkennbare Erscheinung sei, die sich unter den Bedingungen, wie sie in der Welt des 20. Jahrhunderts herrschten, in verschiedenen Ländern wiederholen könne. Wenn dem so sei – was sie befürchtete –, dann sei es wichtiger, gegenüber den wesentlichen Gemeinsamkeiten zwischen den verschiedenen Erscheinungsformen des Totalitarismus auf der Hut zu sein, als über ihre weniger bedeutsamen Unterschiede nachzudenken. In den fünfziger Jahren beschäftigte sie sich deshalb besonders mit den Anzeichen, die für das Auftreten des Totalitarismus in den Vereinigten Staaten sprachen.

Einige politische Schriftsteller verschiedener *couleur* hatten, wie wir gesehen haben, *The Origins of Totalitarianism* als Beitrag zum Kalten Krieg angesehen. Hannah Arendt selbst betrachtete den Stalin der letzten Jahre weiterhin als totalitären Herrscher, und zwar um so mehr, als der Antisemitismus in Stalins Politik eine immer größere Rolle spielte. Daß Stalin das wichtigste Merkmal des Nazismus offen und schamlos übernahm, sei, wie sie später bemerkte, das letzte Kompliment gewesen, das er Hitler, seinem toten Kollegen und Rivalen um die totale Herrschaft, zollte.

Was Hannah Arendt jedoch Anfang der fünfziger Jahre in den Vereinigten Staaten ohne Unterlaß fürchtete, war die wachsende Tendenz der Rechten, den Totalitarismus mit totalitären Mitteln zu bekämpfen. In einem 1953 erschienenen Artikel meinte sie, man könne Amerika nur zerstören, wenn man versuche, es amerikanischer oder zu einem Modell der Demokratie nach einer vorgefaßten Idee zu machen. Der Hauptschurke war natürlich Joe McCarthy mit seiner Kampagne gegen »unamerikanische Aktivitäten«. Aber sie machte sich auch Sorgen wegen des Einflusses ehemals kommunistischer Intellektueller, von denen einige zu ihren Freunden und Bekannten zählten und in Zeitschriften wie *Commentary* Angriffe auf, wie Arendt meinte, wichtige Grundrechte unternahmen. Die Verfassung und die Bill of Rights, und sonst gar nichts, bildeten ihrer Meinung nach die Grenzlinie für abweichende Ansichten. Sie redete bereits wie ein überzeugter und klar denkender amerikanischer Bürger.

Hannah Arendt schlug in ihrem eigenen Denken nun eine neue Richtung ein. Es schien so, als ob sie nach Jahren, in denen sie sich leider geistig wie praktisch vor allem mit den Versuchen im 20. Jahrhundert beschäftigt hatte, die menschliche Freiheit zu zerstören, nun ihr eigenes Idealbild einer vollkommenen Freiheit zeichnen wollte. Arendts nächstes, im Jahre 1958 erschienenes Buch, *The Human Condition*, schließt mit einem solchen Bild, das allerdings wiederum aus einer Untersuchung von Gegensätzen entsteht und definiert wird.

Arendt wollte eigentlich ein Buch über Karl Marx schreiben und insbesondere die Rolle untersuchen, die der Marxismus bei der Entwicklung des sowjetischen Totalitarismus gespielt hatte. Das war ein Bereich, dem sie ihrer Meinung nach in *The Origins of Totalitarianism* nicht genügend Aufmerksamkeit geschenkt hatte. Bezeichnenderweise sah sie selbst – im Gegensatz zu ihren Kritikern wie etwa Isaiah Berlin – die Schwäche des Buches nicht darin, daß das normale historische Faktengerüst zu kurz kam, sondern daß sie eine ganz bestimmte Idee nicht angemessen berücksichtigt hatte. Diese neuen Studien zu Marx bildeten die Grundlage für ihre Vorlesungen 1953 in Princeton, doch sie brachten Hannah Arendt von ihrem ursprünglichen Plan ab, denn sie begann Aspekte des Marxismus zu entdecken, die sie dank ihrer Neuheit stark beeindruckten.

Arendts wichtigste Feststellung – wenigstens für sie selbst – war die unverkennbare Art, wie Marx alle früheren politischen Traditionen des Westens in Frage gestellt hatte. Dies bedeutete keineswegs einen Bruch mit ihrer These von Hitlers oder Stalins unglückseligem Eingreifen in die Geschichte. Arendts Entdeckung entsprang vielmehr der Erkenntnis, welch hohe Bedeutung Marx der Arbeit und Produktion im menschlichen Leben einräumte. Marx hatte eigentlich nicht so sehr mit der Tradition gebrochen, als sie auf den Kopf gestellt, und er war in keiner Weise ein bewußter Vorläufer der totalitären Führer. Im Gegenteil, er vertrat die herkömmliche Ansicht, daß die Freiheit einer der größten menschlichen Werte sei. Doch während im westlichen Denken vorher Arbeit und Produktion als die Bereiche galten, in denen sich der Mensch zwangsläufig am stärksten beugen und unterwerfen mußte, sich also am wenigsten frei fühlte, betrachtete Marx die menschliche Arbeit gerade als Ausdruck der Menschlichkeit des Menschen. Er verherrlichte die menschliche Arbeit, weil sie den Menschen vom Tier unterschied und ihm die Möglichkeit gab, sich eine Welt des Überflusses zu schaffen. Alle Menschen würden – so Marx – dann in den Genuß der Freiheit kommen, wenn ihre Arbeit korrekt bewertet würde und sie alle die Früchte dieser Arbeit vollständig ernten könnten. Der Mensch würde vergesellschaftet und die Gesellschaft gerecht verwaltet werden; und der Staat, ja selbst die Politik, würden verschwinden, weil die Freiheit des Menschen Wirklichkeit geworden wäre.

Karl Marx

Für Marx war es eine Vision des Glücks, doch Hannah Arendt sah darin sowohl eine Täuschung als auch einen Alptraum. Eine Täuschung, weil in sozialistischen und kapitalistischen Ländern gleichermaßen mit der vermeintlichen »Emanzipation der Arbeit« keineswegs »das Zeitalter der Freiheit« eingetreten, sondern die Aussicht gewachsen sei, daß »nun zum ersten Mal alle Menschen unter das Joch der Notwendigkeit« gezwungen werden.[4] Und ein Alptraum, weil die von Marx entworfene Utopie, selbst wenn sie je realisierbar sein sollte, den Menschen nur den Konsum lassen, ihnen aber keinen Spielraum für Herausforderungen, für mutiges und kühnes politisches Handeln geben würde: Diese Freiheit wäre, verglichen mit Hannah Arendts Vorstellungen von Freiheit, wertlos. »Und was anderes ist schließlich dies moderne Gesellschaftsspiel«, so schrieb sie, »als der uralte Traum, den Armut und Elend träumen und der, wie wir aus der Märchenwelt wissen, einen großen Charm [sic] besitzt – solange nämlich als der Wunsch nach dem Tischlein-deck-Dich nicht in Erfüllung gegangen ist und in einem Narrenparadies geendet hat.«[5]

Das ist der Hintergrund zu *The Human Condition*. Das Buch selbst geht jedoch auf eine frühere Geschichte zurück: auf die Geschichte des Lebens, der Arbeit und der Politik in den antiken griechischen Stadtstaaten, die Hannah Arendt aus den Werken der griechischen Denker, Historiker und Philosophen phantasievoll zusammenfügte. In der ersten zivilisierten Welt, von der wir über vergleichsweise genaue Zeugnisse verfügen, spiegelten sich für Arendt die wesentlichen Züge der Bedingungen, unter denen Menschen, wenn sie sich in dieser Welt befinden, immer leben müssen.

Nach der Veröffentlichung von *The Human Condition* schrieb der Dichter W. H. Auden: »Ab und zu stoße ich auf ein Buch, das mir den Eindruck vermittelt, speziell für mich geschrieben zu sein. [...] Es scheint genau die Fragen zu beantworten, die ich mir selbst gestellt habe. [...] Hannah Arendts *The Human Condition* gehört zu dieser kleinen und erlesenen Gruppe.«[6] Als Sheldon Wolin, Professor für Politik in Princeton, nach Hannah Arendts Tod auf die Zeit des Erscheinens von *The Human Condition* zurückblickte, meinte er: »[Vorher] war die Erforschung der politischen Theorie im wesentlichen ein Spezialgebiet der Ideengeschichte. Sie war weder politisch, noch theoretisch. [...] Für jene, die bemüht waren, eine der heutigen Welt adäquate Konzeption der Staatswissenschaft zu erarbeiten, kam [das Werk] im Jahre 1958 wie eine Erlösung [...] es brachte etwas Neues in die Welt.«[7] Aber es war keineswegs leicht zu erklären, worin dieses Neue eigentlich bestand; wir wollen nun versuchen, die Aussage des Buches zu enträtseln.

Nach ihrem eigenen Bekunden will Hannah Arendt nicht das gesamte menschliche Leben behandeln; sie läßt das aus, was den Griechen vielleicht von allem am wichtigsten war, nämlich das geistige Leben, die *vita contemplativa*. Arendts Thema in diesem Buch ist das tätige Leben, die *vita activa*. In den griechischen Stadtstaaten kommen nach Arendt die drei menschlichen Grundtätigkeiten am klarsten zum Ausdruck: Arbeiten, Herstellen und Handeln. Die beiden letzten Begriffe haben, wie wir gleich sehen werden, eine besondere Bedeutung.

Nach Hannah Arendts Rekonstruktion der antiken griechischen Welt blieben dort die Arbeit, also die Produktion aller notwendigen Dinge, und ihr Gegenstück, die Konsumtion, verborgen. All diese Tätigkeiten wurden im Haus ausgeführt: Sklaven verrichteten die Arbeit, und die Familie konsumierte unter Ausschluß der Öffentlichkeit. Dies war die Sphäre der Menschen, soweit sie bloße Geschöpfe der Natur waren, die sich abmühen, um zu überleben: das *animal laborans*.

Es gab jedoch auch eine feinere Form der Produktion, das Herstellen, das handwerkliche Können, die Tätigkeit des schöpferischen Menschen, des *homo faber*. Ohne ihn existierte keine erkennbar menschliche Welt, sondern nur der endlose Prozeß der Natur, der einen jeden Augenblick, sobald er vorbei war, verschlang und in Vergessenheit geraten ließ. Handwerker stellten die Häuser und häuslichen Objekte her, die der menschlichen Existenz

Wystan Hugh Auden

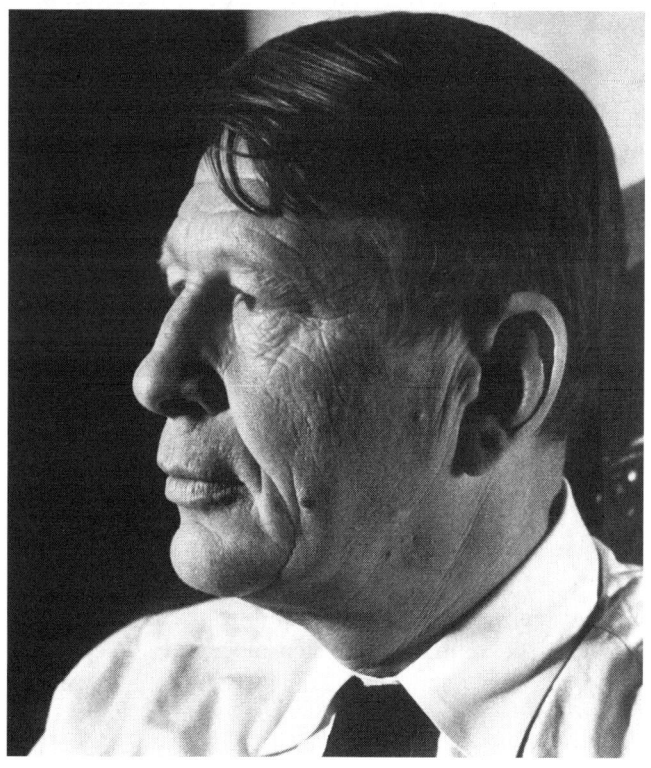

Charakter und Kontinuität, eine Idee des Überlebens unabhängig von Geburt und Tod der Individuen verliehen. Sie schufen einen typisch menschlichen Raum, in dem die Menschen leben konnten. Doch auch ihre Erzeugnisse wurden im Laufe der Zeit konsumiert und vergessen; und im griechischen Leben genossen sie nicht viel mehr Ansehen als die Sklaven.

Die Bürger jedoch, jene Menschen, für deren persönliche Bedürfnisse andere in der Privatsphäre ihres Haushalts sorgten, die aber ansonsten nach Belieben schalten und sich mit ihresgleichen daran beteiligen konnten, Stadt und Leute zu regieren – diese Bürger konnten sich durch ihre Reden und Taten vor den Augen der Mitbürger ein ewiges Denkmal setzen. Das war die Sphäre des Handelns, wie Hannah Arendt sie verstand. Die Bürger waren Mitglieder der *polis* und unterlagen keinem Zwang, sondern kannten den vollen Umfang menschlicher Freiheit, ihre Freuden und ihren Glanz.

Aus dieser Schilderung, welche Rolle der Arbeit im menschlichen Leben zukommt, kann man ersehen, warum Hannah Arendt manchmal über das 20. Jahrhundert so verzweifelt ist: Der Arbeits- und Produktivitätswahn scheint dem Menschen, wie sie es darstellt, oft nur die betrübliche Wahl »zwischen produktiver Knechtschaft und unproduktiver Freiheit« zu lassen. Selbst der Handwerker ist aufgrund der Auswirkungen der Massenproduktion, der Integration des »Herstellens« in die »Arbeit«, weitgehend von der Bildfläche verschwunden. Hannah Arendt hätte den Aufschrei, den William Wordsworth einhundertfünfzig Jahre früher von sich gab, zitieren können: »Getting and spending we lay waste our powers« [Bekommend und verbrauchend, so legen wir unsere Kräfte brach]. Doch mit einem ihrer phantasievollen Sprünge, die uns immer wieder in ihrem Werk beeindrucken, hält sie inne, um uns einen recht poetischen

Einblick in das wirkliche, wenn auch begrenzte Glück des *animal laborans* zu geben:

Der Segen der Arbeit, [...], ist die menschliche Art und Weise, der Seligkeit des schier Lebendigen teilhaftig zu werden, die wir mit allen Kreaturen teilen. Und ein in der Arbeit sich verbrauchendes Leben ist der einzige Weg, auf dem auch der Mensch in dem vorgeschriebenen Kreislauf der Natur verbleiben kann, in ihm gleichsam mitschwingen kann zwischen Mühsal und Ruhe, zwischen Arbeit und Verzehr, zwischen Lust und Unlust mit derselben ungestörten und unstörbaren, grundlosen und zweckfreien Gleichmäßigkeit, mit der Tag und Nacht, Leben und Tod aufeinanderfolgen.[8]

Den Kern des Buches bildet Arendts ausführliche Erörterung des »Handelns«. Ihr Bild von den freien Menschen in der griechischen *polis*, die sich zu Rede und Tat zusammenschließen, führt sie im folgenden zu Fragen im Hinblick auf die Ausübung von Macht. Wahre Macht ist nach Arendt einzig da zu finden, wo Menschen aus freiem Willen gemeinsam handeln und Entscheidungen zustimmen, die sie nach freier und leidenschaftlicher Diskussion getroffen haben. An der Macht zu sein, bedeutet, von anderen ermächtigt zu sein. Das ist, wie sie meint, die einzige Art der Regierung, die je Bestand haben kann. Die einzige Alternative dazu ist die Gewaltherrschaft, doch diese ist eine von Natur aus unbeständige Regierungsform – zudem eine Form, die dem mit solchen Mitteln regierenden Tyrannen wenig Freude bereitet. Hannah Arendts Vorstellung von einer guten Regierung ist im wesentlichen pluralistisch und gründet sich auf die Idee, daß viele beteiligt werden, idealerweise eigentlich alle, die von den gefällten Entscheidungen betroffen sind. Arendts Vorstellung von der Freiheit eines Menschen erfordert gleicherweise die Freiheit der anderen, denn ohne deren freiwillig gegebene Zustimmung gibt es keine Handlung, die der Ausführung wert ist – bleibt weder die Besonderheit des Menschen noch eine gute Erinnerung.

Hannah Arendt stellt weiter fest, daß jene Menschen, die sich am »Handeln« erfreuen, den Dichter und Geschichtenerzähler – eine Sonderform des *homo faber* – brauchen, denn die volle Bedeutung der Taten eines Menschen läßt sich erst nach seinem Tode und eben nur von jenen Künstlern ermessen. Homer beispielsweise erzählte die Geschichte jener »freien Männer«, die am Trojanischen Krieg teilnahmen. Ohne diese Geschichten wären die Worte und Taten der Männer so vergänglich wie der Metabolismus im Leben des reinen Arbeiters.

Warum inspirierte diese Vorstellung von der *condition humaine*, von der »menschlichen Bedingtheit«, so viele Menschen? Wir können diese Frage am besten angehen, indem wir verschiedene Einwände beantworten, die gegenüber Hannah Arendts Argumentation vorgebracht worden sind.

Eine durchgängige und einflußreiche Richtung der Kritik besagt, daß Hannah Arendts Darstellung der Arbeit in klassischen wie auch in modernen Zeiten »gefühllose Verachtung für die unpolitischen Massen« (dieser Ausdruck stammt von dem amerikanischen Politologen Martin Jay) und Gleichgültigkeit gegenüber dem Wohlergehen dieser Massen verrate. Ungleichheit und Unterdrückung seien aus der heutigen Welt keineswegs verschwunden, selbst die Sklaverei existiere noch, doch Arendt zeige kein Interesse an ihrer Abschaffung.

Darauf hätte Hannah Arendt meiner Meinung nach geantwortet, daß – zumindest in der westlichen Welt – die moderne Technologie die Produktion reichlich, ja selbst im Überfluß vorhandener materieller Güter sicherstellt. Man muß gerade die enorme Bedeutung, die praktisch alle Länder der wirtschaftlichen und gesellschaftlichen Verbesserung beimessen – dem Bereich des Hauses oder

Haushalts in Griechenland –, in Zweifel ziehen. In *The Human Condition* behauptet Hannah Arendt, kein Mensch könne davon ausgehen, immer in der Sphäre des »Handelns« zu leben. Doch Arendts Meinung nach besteht eigentlich für die meisten Menschen die Möglichkeit gar nicht mehr, an dieser Sphäre teilzuhaben, da sie von Tag zu Tag als nicht protestierende ›Jobholders‹ dahinleben, während ihre Existenz von einer Gesellschaft geregelt wird, die einzig und allein an wachsendem Wohlstand interessiert ist. Hannah Arendt hätte meines Erachtens erwartet, daß die meisten Menschen arbeiten müssen. Außerdem hätte sie die Arbeitslosigkeit der Vorkriegsjahre als einen Faktor für den Aufstieg des Nazismus angeprangert. In der Praxis war sie höchst realistisch und nüchtern, was die Notwendigkeit eines Jobs betraf. Sie glaubte jedoch, daß das überwältigende Übergewicht gesellschaftlicher oder häuslicher Bedürfnisse des Menschen in der modernen Welt einen schmerzlichen Verlust für alle Menschen mit sich gebracht habe. Arendt fühlte nicht Verachtung für die »unpolitischen Massen«, sondern Bestürzung, wenn sie daran dachte, was denn dieser Satz (schließlich war es der Satz eines ihrer Kritiker) über das Schicksal jener Menschen aussagte.

Doch was ist, so könnte man fragen, mit dem Wahlrecht in einer parlamentarischen Demokratie? Verleiht es nicht den Menschen, die in einem solchen System leben, echte politische Freiheit und Macht? Die Antwort darauf lautet, daß Arendt keineswegs die konstitutionelle Demokratie des Westens verachtete – im Gegenteil, sie freute sich, in einem Land zu leben, das nach einem solchen System regiert wurde. Doch die Weimarer Republik hatte in ihr tiefen Argwohn gegenüber politischen Parteien geweckt. Selbst eine gesunde parlamentarische Demokratie, in der die politische Meinung lediglich durch die Stimmabgabe zum Ausdruck kommt, schien für sie

etwas ganz anderes zu sein, als wenn sich in der griechischen *polis* alle freien Bürger versammelten, um zu debat-
tieren und Entscheidungen zu treffen.

Freilich erklärt eine andere, oft zu hörende Richtung
der Kritik, daß selbst die in *The Human Condition* gepriese-
ne Idee der Freiheit recht vage ist. Welche Angelegenheiten diskutierten denn die alten Griechen in ihren Ver-
sammlungen eigentlich? Dieser Frage geht Hannah

Jürgen Habermas

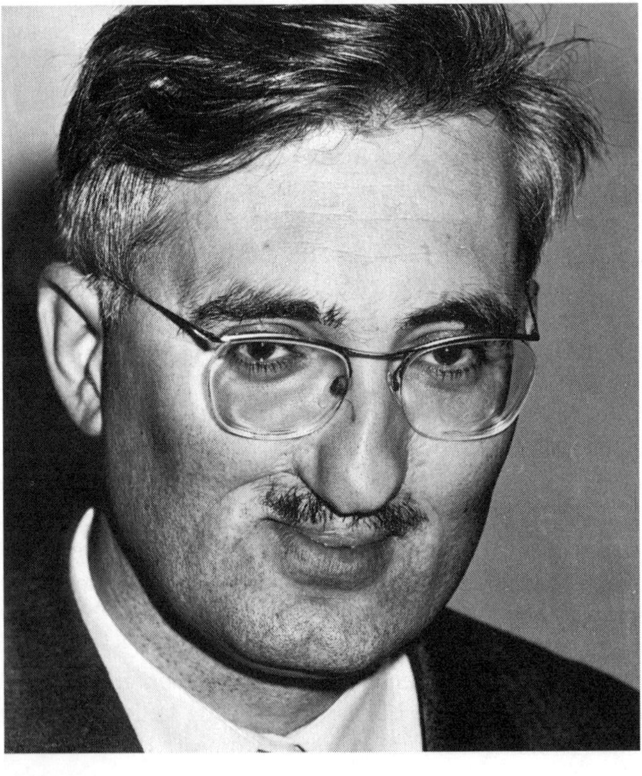

Arendt ständig aus dem Weg – und sie scheint sich auch nicht für die Antwort zu interessieren. Sie begeistert sich für die Idee einer solchen Freiheit an sich, nicht für den besonderen Nutzen, den man daraus zieht. Ja, sie schließt sogar viele praktische und administrative Tätigkeiten, etwa die Anwendung der Gesetze, aus ihrer hohen Konzeption politischen ›Handelns‹ aus.

Außerdem, wie könnten wir dieser Art von Freiheit – wie sehr wir sie uns auch wünschen mögen – in unserem modernen Gemisch aus Demokratie und Bürokratie konkrete Form geben? Und selbst wenn das möglich wäre: Würde es ausreichen, um die Art von Welt zu erschaffen, in der wir leben wollten? Auch auf diese Fragen geht Hannah Arendt in ihrem Buch nur ansatzweise ein.

Die vielleicht interessantesten Antworten darauf hat in jüngster Zeit Jürgen Habermas, Professor für Philosophie an der Frankfurter Universität, gegeben. Es ist besonders bemerkenswert, daß Habermas die Hauptfigur aus der ›zweiten Generation‹ der marxistischen Frankfurter Schule ist, die wir bereits erwähnt haben – ein Schüler von Adorno und Horkheimer. In Habermas' Mischung aus Kritik an und Bewunderung für Hannah Arendt vereinen sich jene beiden Richtungen des Denkens, die, wie wir gesehen haben, im Deutschland der zwanziger und dreißiger Jahre zumindest an der Oberfläche in so starkem Gegensatz zueinander standen: der Marxismus und der Existentialismus.

Habermas meint, daß die von Hannah Arendt in *The Human Condition* implizierte Sicht der Politik in der modernen Welt unrealistisch sei, denn sie verkenne die Tatsache, daß die bestehende Gesellschaftsstruktur – mit ihrer falschen Verteilung der Freiheit – nur durch eine wirkungsvolle politische Strategie geändert werden könne. Seiner Meinung nach ist es unmöglich, Machtkämpfe zwischen organisierten Gruppen – Machthabern wie Machtsuchenden – aus der eigentlichen Domäne der Politik auszuschließen. (Auch Hannah Arendt hätte das bestimmt nicht getan, als sie in ihrem Buch über den Totalitarismus die relativ rationale und angesehene politische Welt des 18. Jahrhunderts beschrieb.) Politische Parteien, Arbeitsorganisationen und ähnliche Institutionen entwickeln sich laut Habermas scheinbar ganz zwangsläufig und sind unter den Gegebenheiten moderner Politik unbedingt notwendig. Anzunehmen, die Gesellschaft lasse sich allein durch öffentliche Debatten und Vereinbarungen ändern oder auch nur erhalten, scheint für ihn eine völlig vergebliche Hoffnung zu sein.

Hannah Arendt widerlegt diese Punkte in geringem Maße in *The Human Condition*. Sie erkennt die Bedeutung des Gesetzes als eines Instrumentes zur Wahrung von Stabilität und Freiheit an. Ansonsten denkt sie jedoch eher an individuelle Geisteshaltungen als Zügel gegen den Mißbrauch politischer Macht.

Eine dieser Haltungen ist die Vergebung. Verzeihen sei, wie Hannah Arendt ausführt, nicht nur eine persönliche Angelegenheit, sondern auch eine politische, denn es befähige sowohl denjenigen, der verletzt, als auch den, der verletzt ist, zu einem Neuanfang und beschränke die beiden nicht »auf eine einzige Tat, deren Folgen uns bis an unser Lebensende im wahrsten Sinne des Wortes verfolgen würden«.[9] Doch die Idee der Vergebung benötige als Gegengewicht die Idee der Bestrafung – eine andere Art und Weise, eine Verletzung zu beenden und einen Neuanfang zu machen. Eigentlich ist es so, schreibt Hannah Arendt, »daß wir außerstande sind zu verzeihen, wo uns nicht die Wahl gelassen ist, uns auch anders zu verhalten und gegebenenfalls zu bestrafen«.[10] Diese beiden Fähigkeiten des Menschen, Bestrafen und Verzeihen, spielen eine Rolle bei der Aufrechterhaltung der für die Freiheit notwendigen Ordnung.

Die andere Geisteshaltung, die diese bewahrende Kraft besitzt, ist die Bereitschaft, Versprechen zu machen. Gegenseitig gegebene Versprechen halten eine gemeinsam handelnde Gruppe von Menschen zusammen und ermöglichen es ihnen, »mit der Zukunft so zu schalten und über sie zu disponieren, als wäre sie eine Gegenwart«.[11] Hannah Arendts Ausführungen zu diesen Tugenden sind wunderschön und ergreifend. Nur diese beiden Tugenden »entspringen vielmehr direkt aus dem Miteinander der Menschen, sofern dieser sich auf Handeln und Sprechen überhaupt eingelassen hat«,[12] und helfen uns, »Getanes ungetan zu machen«[13] und umgekehrt, ganz wie es unsere Freiheit erfordert.

Habermas hat jedoch sicher recht, wenn er meint, daß solche Tugenden – obschon es sehr wichtig ist, sie zu praktizieren – nicht ausreichen, um allen Problemen des Mißbrauchs und der Fehlverteilung von Macht in der modernen Politik gerecht zu werden: Sie können nur kontrollierende Tugenden einer viel idealeren Welt sein. Ein anderer politischer Denker und Freund von Hannah Arendt, Hans Morgenthau, meinte, ihre Vorstellung von politischer Freiheit enthalte ein romantisches Element.

Doch auch Habermas hat tiefen Respekt vor Hannah Arendts Denken. Ihre Sicht der Macht (nach Habermas versteht sie »Macht als die Fähigkeit, sich in zwangloser Kommunikation auf ein gemeinschaftliches Handeln zu einigen«[14]) ist seiner Meinung nach richtig, ganz gleich, ob wir nun an Macht als ein Mittel denken, um ein praktisches Ziel zu erreichen, oder ob wir Macht als Selbstzweck ansehen. Im ersten Fall, so argumentiert Habermas, brauchen politische Parteien oder andere Gruppierungen jene freie, volle Übereinstimmung ihrer Mitglieder lediglich, um effektiv zu sein. Für den zweiten Fall vertritt Habermas als Marxist der Nachkriegszeit und einer neuen Generation folgende Ansicht: Sobald Men-

Aufstand in Ungarn 1956

schen ein annehmbares Maß an materieller Gleichheit erreicht haben, ist es für sie wichtig, in einer Welt zu leben, die gemäß Hannah Arendts Vorstellungen von gleichberechtigter Mitwirkung geordnet ist und die die Freiheit aller gegen die Bedrohung durch die Herrschaft einer Gruppe oder eines einzelnen verteidigt. In dieser »intersubjektiven Freiheit« – um einen neomarxistischen Begriff der Frankfurter Schule aufzugreifen – vermischen sich scheinbar mühelos die Träume der Neuen Linken und Hannah Arendts zutiefst konservative Vorstellung. Deshalb stürzten sich auch viele junge Leute, die der Neuen Linken angehörten, in den späten sechziger und siebziger Jahren so begierig auf ihre Werke. Arendt schien ihnen eine Richtschnur für jene Form von »partizipatorischer Demokratie« (im Gegensatz zu der vergleichsweise unpersönlichen parlamentarischen Demokratie der Parteien) zu liefern, an die sie glaubten.

Hannah Arendts Ton ist offensichtlich nicht der praktische, pragmatische Ton der normalen akademischen Politikwissenschaft. Er hat etwas Kühnes an sich, lockt ständig neue und überraschende Gedanken hervor, schokkiert den Leser und fordert ihn heraus. Judith Shklar, eine weitere politische Philosophin aus Amerika, hat Hannah Arendt mit den monumentalen Geschichtsschreibern – wie Nietzsche sie nennt – verglichen, deren Worte an die politischen Akteure selbst gerichtet sind und sie an große Taten gemahnen.

Doch wenn es ihrem Zweck diente, praktizierte Hannah Arendt auch das, was Nietzsche als kritische Geschichte bezeichnete: die eingehende und gewissenhafte Untersuchung des Ganges historischer Ereignisse. Noch während sie an *The Human Condition* arbeitete, fand ein Ereignis statt, das sie sehr sorgfältig untersuchte, denn es erschien ihr als prägnantes Beispiel für die Art des Handelns, von der sie träumte und die sie von den Menschen forderte: der Aufstand der Ungarn gegen die Russen im Jahre 1956. Später entdeckte sie ähnliche Züge in der Frühphase der Amerikanischen und Französischen Revolution im 18. Jahrhundert. Diese bilden den Gegenstand ihres 1965 erschienenen Buches *On Revolution*, und wie wir sehen werden, knüpfte sie ihre Hoffnung immer mehr an revolutionäre Aktivität, und sie verband auf die ihr eigene originelle und provozierende Art eine hohe und alte Tradition der Freiheit mit den Zielen einiger moderner revolutionärer Bewegungen.

Allgemeiner ausgedrückt, darf man behaupten, daß *The Human Condition* ein zutiefst ermutigendes Buch ist. Während *The Origins of Totalitarianism* einem Handbuch der Angst ähnelt, gleicht *The Human Condition* einem Handbuch der Hoffnung. Hannah Arendt hat es in erster Linie als politisches Werk konzipiert, als Vision, wie eine Welt freier Menschen wohl aussehen könnte. Darin liegt, um Sheldon Wolins Worte noch einmal in Erinnerung zu rufen, die »Erlösung«, die das Buch brachte. »Ihre Forderungen nach politischer Freiheit verzaubern und tadeln uns«, sagte der Dichter Robert Lowell.

Doch das Buch spricht auch den einzelnen Menschen direkt an: Es hat, so könnte man sagen, einen existentialistischen, zugleich auch einen politischen Schliff, und läßt den Leser immer wieder innehalten, um darüber nachzudenken, ob er in den ziellosen und vergänglichen Prozeß des Arbeitens und Konsumierens verwickelt werden will. Mit eindringlichen, beschwörenden Worten ermutigt das Buch den Leser, seine eigene, ständig bedrohte Freiheit des Handelns wachsam im Auge zu halten. Wie bei *The Origins of Totalitarianism* ist es letztlich vielleicht am zutreffendsten, auch dieses Buch als klangvolles literarisches Werk zu betrachten – als mächtiges Echo auf Homer und Thukydides, aber für eine von deren Welt gänzlich verschiedene bestimmt.

6

1958 – 1961:
Amerikanische Fragen

Im Jahre 1958, als ihr Buch *The Human Condition* erschien, war Hannah Arendt zweiundfünfzig und im großen Kreis ihrer Freunde und Kollegen inzwischen eine achtunggebietende Persönlichkeit. Jerome Kohn, ein jüngerer Freund von ihr, hat einmal ihre Art zu reden beschrieben: »Nuancen von dem, was sie gesagt hatte, gingen mir hinterher noch tagelang durch den Kopf. [...] Wenn ich einige Tage später dachte, ich hätte verstanden, was sie gesagt hatte, und wieder zu ihr ging und erklärte: ›Das haben Sie gemeint, als wir über das und das geredet haben‹, dann hatte sich der Sinn immer schon wieder verändert. Es war eine Art intellektueller Frustration, jedoch nicht im entferntesten negativ: Ich fühlte mich nämlich veranlaßt, noch mehr nachzudenken. Es war klar, daß sie nicht einfach den drei Tage vorher gefaßten Gedanken rekapitulierte, sondern erneut dachte. Immer wenn sie sprach, dachte sie – sie dachte sozusagen beim Gehen.«

Hannah Arendt war eine scharfe Denkerin, hatte überzeugende Ansichten und konnte eine äußerst spitze Zunge haben. Lionel Abel, der ebenfalls dem *Partisan Review*-Kreis angehörte, berichtet, wie er sich im selben Jahr, 1958, von ihr einen Tadel einhandelte. Arendt war zusammen mit vielen anderen Schriftstellern und Wissenschaftlern zu einem Treffen in einem Privathaus in der East 87th Street eingeladen worden, wo sie für Boris

Pasternak Partei ergreifen wollten. Die sowjetische Regierung hatte ihm nämlich keine Erlaubnis erteilt, nach Schweden zu reisen, um den Nobelpreis entgegenzunehmen. Die Versammelten waren sich jedoch völlig uneins, in welcher Form sie protestieren sollten. Hannah Arendt bestand hartnäckig darauf, bei jeder Form von Intervention müsse sichergestellt sein, daß man Pasternak damit helfe und nicht schade. Abel hatte im Laufe des Abends ständig dem Whiskey des Gastgebers zugesprochen und schlug plötzlich vor, die Anwesenden sollten doch eine literarische Zeitschrift in der Sowjetunion bitten, Edmund Wilsons positive Rezension des *Doktor Schiwago* aus dem *New Yorker* abzudrucken. Dafür würden sie sich dann bemühen, den *New Yorker* für einen Abdruck einer sowjetischen Kritik des Romans zu gewinnen. Arendt tat diesen Vorschlag recht nonchalant ab. »Schnapsidee«, sagte sie – und wandelte den Alkohol gleichsam in ihre eigenen europäischen Konventionen um.

Solche Witze und bissigen Epigramme machte Hannah Arendt gerne; ihr Humor hatte jedoch meistens einen satirischen Einschlag. Dieser trockene Humor findet sich in all ihren Schriften, wenngleich vielleicht in *The Human Condition* weniger ausgeprägt als in ihren anderen Büchern. Doch selbst in jenem Werk stoßen wir mitten in dem ergreifenden Abschnitt über »die Macht des Versprechens«, den ich bereits zitiert habe, auf trockenen jüdischen Witz. Arendt verweist auf »Abraham, den Mann aus Ur, [...], der ›aus seinem Lande, aus seiner Verwandtschaft, aus dem Haus seines Vaters‹ in die Länder der Fremde ging, um überall, wohin er kam, Streitigkeiten mit Abkommen beizulegen, als sei er nur ausgezogen, die Macht gegenseitiger Versprechen zu erproben und die Ordnung, die sie in das Chaos der Menschenwelt tragen, bis schließlich Gott selbst angesichts dieser ›Bewährung‹ mit ihm einen Bund schloß«.[1]

Hannah Arendt und Blücher hatten nach dem Abendessen oft Gäste, obwohl Blücher eigentlich keine Parties mochte und gewöhnlich in seinem Zimmer blieb, wenn sich viele Gäste einfanden. Entschloß er sich aber, sein Zimmer zu verlassen, dann ließ er sich rasch in eine Auseinandersetzung verwickeln. Bowden Broadwater, Mary McCarthys ehemaliger Mann, meinte einmal, Blücher »explodierte wie eine kleine Feldhaubitze«, wenn jemand etwas sagte, das ihn politisch schockierte.

Hannah Arendt pflegte für ihre Freunde auch zu kochen, aber es war eine ihrer etwas eitlen Selbsttäuschungen, daß sie das gut konnte. »Sie konnte gerade einmal Kartoffeln kochen«, erzählte mir jemand aus ihrem Freundeskreis. Eine Ausnahme – eine geschätzte Spezialität von ihr – war das russische Dessert *kissel*, eine Art Preiselbeergelee, das mit Stärkemehl aus Kartoffeln oder Getreide zubereitet wurde.

Hannah Arendt selbst wurde natürlich auch oft eingeladen, aber sie legte keinen Wert auf zu großen Aufwand seitens ihrer Gastgeber. An einem kleinen College, wo sie als Gastdozentin tätig war, wurde einmal zu ihren Ehren ein Fest veranstaltet. Der Leiter des College erkundigte sich vorher bei einem von Hannah Arendts Bekannten, was sie denn gerne trinke, und erhielt zur Antwort: Campari Soda. Das war nun nicht gerade ein Drink, der damals an amerikanischen Universitäten gang und gäbe war, doch der Leiter legte Wert darauf, ihn zu besorgen. Als Hannah Arendt hereinkam, machte er jedoch den Fehler, sie zu fragen: »Möchten Sie gerne einen Campari Soda?« Dabei deutete er in Richtung des Tabletts, wo der Campari Soda schon auf sie wartete. »Nein«, erwiderte sie in entschiedenem Ton, »ich hätte gerne einen Whiskey.«

Hannah Arendt bedauerte es auch keineswegs, eine Frau zu sein. ›*Vive la petite différence!*‹ lautete eines ihrer

Mottos. Sie unterstützte zwar den Anspruch der Frau auf gleiche Rechte, doch glich ihre Ansicht über das richtige Ziel der Frauenbewegung in starkem Maße jener Meinung, die sie vor dem Krieg in Europa hinsichtlich der jüdischen Bewegung für gleiche Rechte vertreten hatte. Sie glaubte nämlich, Frauen sollten genauso wenig den Lebensstil aufgeben, der stets als weiblich gegolten hatte, wie Juden nicht auf ihre jüdische Lebensweise verzichten

Hannah Arendt 1966

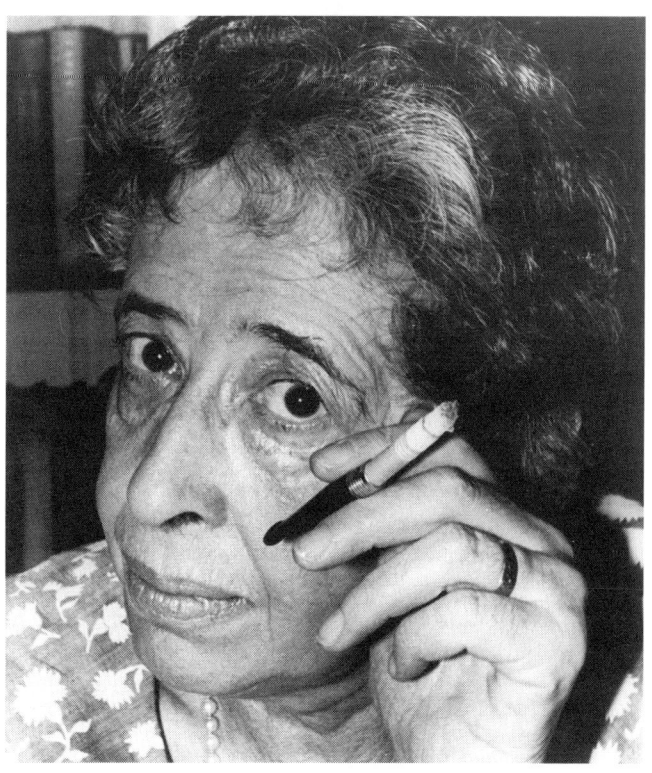

sollten. In beiden Fällen handele es sich um eine reine Privatangelegenheit. Öffentliche Kampagnen sollten sich darauf konzentrieren, die legale Anerkennung der Gleichheit durchzusetzen, bis ein Zustand erreicht sei, wo die Mitwirkung von Frauen in bislang Männern vorbehaltenen Bereichen einfach selbstverständlich sei. Alle Frauen sollten aber auch weiterhin so leben, wie sie es wollten. Nachdem Hannah Arendt im Jahre 1953 ihre Stelle als Dozentin in Princeton angetreten hatte, war sie verärgert, als einige männliche Kollegen betonten, wie glücklich sie sich schätzten, daß zum ersten Mal eine Frau die Christian-Gauss-Seminare abhielt. Sie hatte das Gefühl, man wolle aus ihr eine ›Ausnahmefrau‹ machen, zu vergleichen mit Rahel Varnhagen und den anderen ›Ausnahmejuden‹, die im späten 18. Jahrhundert von der Adelsgesellschaft in Deutschland verhätschelt worden waren. Arendt glaubte auch, es sei ein Verrat an den anderen Frauen, solch eine Behandlung stillschweigend hinzunehmen. Sie wollte, daß die Frage ihres Geschlechts einfach keine Rolle spielte. Sie sei keineswegs darüber beunruhigt, eine Professor*in* zu sein, teilte sie einem Fragenden mit, weil sie sehr wohl daran gewöhnt sei, eine Frau zu sein.

Hans Jonas, ein Freund von Hannah Arendt, hat uns einen lebendigen Eindruck von ihrem Verhalten in solchen Angelegenheiten vermittelt. Sie habe untrüglich, so berichtet er, zwischen ihren Freundschaften mit Männern und Frauen unterschieden: »Ich will nicht meine Vorrechte als Frau verlieren«, pflegte sie lachend zu bemerken. Männer neigten ihrer Meinung nach weit mehr dazu, sich zu täuschen, als Frauen. Wenn sie sich manchmal mit Jonas und seiner Frau unterhielt und schnell ein Urteil fällte, forderte Jonas sie auf, Beweise zur Rechtfertigung vorzubringen. Dann tauschte Hannah Arendt mit Jonas' Frau einen Blick gegenseitigen Verstehens aus, der

Verzweiflung, Mitleid, ja selbst etwas Zärtlichkeit beinhaltete, und sagte: »Ach, Hans!« Einmal fragte er sie tatsächlich: »Hannah, sag mir doch, hältst du mich für dumm?« »Aber nein!« – sie war entsetzt – »ich denk' nur, du bist ein Mann.«[2]

Daß sie freilich auf den Vorrechten einer Frau beharrte, verschaffte ihr nicht immer nur Freunde, vor allem nicht bei anderen Frauen. Daniel Bell erzählte mir, daß sie zum Beispiel, wenn sie mit einem Ehepaar ins Kino ging und sie getrennt voneinander sitzen mußten, weil das Kino so voll war, den Ehemann entführte und neben sich plazierte, während sie die Frau alleine sitzen ließ. In New York gab es einige Frauen von Intellektuellen, die eine große Abneigung gegen sie hegten. Vielleicht war ihre Art auch dafür verantwortlich, daß sie einen ihrer liebsten Freunde, Randall Jarrell, verlor. Jarrell besuchte Hannah Arendt oft, um mit ihr zusammen deutsche Gedichte zu lesen. Umgekehrt machte er sie und Blücher mit den Werken von Dichtern wie Yeats und Emily Dickinson bekannt. Ihr gefalle sein Lachen, sagte sie einmal. Als er jedoch wieder heiratete, sah seine neue Frau es nicht gerne, daß er Hannah Arendt weiter besuchte, und von heute auf morgen verschwand er aus ihrem Leben. Nach seinem Tod im Jahre 1965 schrieb sie einen vorzüglichen Essay über ihn; sie hatte nie aufgehört, ihn zu vermissen.

Hannah Arendt fing nun an, über ihr neues Buch nachzudenken, in dem sie jene Vorstellungen zum Handeln und zur Revolution aufgreifen wollte, die sie schon in *The Human Condition* in Angriff genommen hatte. All ihre Bücher sind auf diese weiterführende Weise miteinander verbunden. Sie engagierte sich aber auch immer mehr im Leben Amerikas und schrieb, nachdem sie *The Human Condition* vollendet hatte, in den folgenden zwei oder drei Jahren einige Essays, in denen sie verschiedene praktische Fragen im Lichte ihrer eigenen Überzeugungen untersuchte. Wie immer war sie bald in Kontroversen verwickelt.

Im Jahre 1957 versuchten Truppen, die gemeinsame Erziehung von schwarzen und weißen Schulkindern in Little Rock, der Hauptstadt von Arkansas, zu erzwingen, dessen Gouverneur sich den neuen Bundesgesetzen widersetzte. Es kam zu gewaltsamen Auseinandersetzungen, und in ganz Amerika tobte eine wütende Diskussion.

Im Jahre 1959 veröffentlichte Hannah Arendt in der Zeitschrift *Dissent* einen Artikel zu dieser Frage, ›Reflections on Little Rock‹, der praktisch allen mißfiel. Aufgrund der Erinnerung an ihre jüdische Kindheit wandte sie sich gegen jeden Versuch – sei es seitens der Regierung oder der Schwarzen selbst –, die Schwarzen mit Gewalt in die Gemeinschaft der Weißen zu integrieren. Zunächst einmal glaubte sie, daß solch ein Handeln die Schwarzen ihrer Würde beraubte: Sie würden dadurch in die Rolle von Parvenüs gedrängt, die Arendt immer heftig mißbilligt hatte. Und ganz besonders ärgerte sie sich über ein Foto im Magazin *Life*, auf dem eine Horde weißer Kinder ein kleines schwarzes Mädchen anschreit, das gerade in Begleitung eines Beschützers auf dem Heimweg von seiner integrierten Schule ist. Dies sei genau eine jener Situationen, denen man vor allem Kinder nicht aussetzen sollte. Es sei nämlich ein Angriff auf ihren Stolz und auf ihr Selbstvertrauen, von dem sie sich möglicherweise nur sehr schwer erholen würden. Und sie glaubte auch, daß sich solche Aktionen seitens oder zugunsten der Schwarzen im Grundsatz auf die falschen Dinge konzentrierten, wenn man es unter dem Blickwinkel ihrer eigenen Interessen betrachtete. Falls Menschen in getrennten Gemeinschaften leben wollten, sollte man sie nicht daran hindern. Für eine benachteiligte Gemeinschaft sei es weitaus wichtiger, ihren Mitgliedern eine gesetzlich verankerte Gleichheit zu sichern und sich mit politischen Mitteln dafür einzusetzen. Dies stimmt ganz genau mit Arendts Ansichten überein, wie die Diskriminierung der Frauen bekämpft werden sollte. Hannah Arendt meinte auch, daß die Gesetze gegen Mischehen zwischen Schwarzen und Weißen, die 1959 noch immer in neunundzwanzig amerikanischen Staaten Bestand hatten, ein viel geeigneteres Ziel darstellten für alle jene, die in den USA an Gleichheit glaubten. In anderer Hinsicht hatte sie aber auch Verständnis für die Rechte der Einzelstaaten, ihre Angelegenheiten nach eigenem Gutdünken zu regeln.

Sie betrachtete die Vielfalt der verschiedenen Regionen als eine der Stärken der Republik, als ein Bollwerk gegen das Sich-Ausbreiten des konformistischen Massenmenschen.

Hannah Arendt mag die Stimmung unter den Hauptbeteiligten im Kampf von Little Rock nicht besonders treffend eingeschätzt haben, aber diese Art von Überlegung spielte für sie keine Rolle. Ihre Ansichten entsprachen den Langzeitperspektiven in der Geschichte des Menschen, die sie sowohl in *The Origins of Totalitarianism* als auch in *The Human Condition* zu beleuchten versucht hatte. Außerdem änderte sie später ihre Meinung in einem Punkt der Diskussion. Der schwarze Schriftsteller Ralph Ellison vertrat den Standpunkt, und zwar keineswegs im Zorn, Hannah Arendt habe nicht begriffen, wie wichtig für schwarze Kinder diese Art von Feuertaufe und der schmerzliche Initiationsritus – die Bekanntschaft mit den harten Tatsachen – seien, die sie in Szenen wie der auf dem Foto von *Life* durchmachten. So etwas lehre sie Mut. Dieses Argument stieß bei Arendt auf Verständnis, und sie gestand in einem Brief an Ellison ein, eine solche Erfahrung könnte Kindern letztlich mehr nützen als schaden.

Rassenunruhen in Detroit:
Brennende Geschäfte während
der schweren Krawalle im Juli 1967

Hannah Arendt dachte jedoch immer wieder an jenes kleine Mädchen, und dies veranlaßte sie, in einem im *Partisan Review* erschienenen Artikel mit dem Titel ›The Crisis in Education‹ über generellere Fragen der Erziehung nachzudenken. Kinder und Jugendliche spielten zu dieser Zeit in ihrem Denken eine große Rolle. Das lag zum Teil an den regelmäßigen Kontakten, die sie mit Studenten an verschiedenen Universitäten und Colleges hatte, zum Teil auch daran, daß sie in der Geburt von Kindern und in der neuen Freiheit des Handelns – die jedes Kind im Prozeß der Reife entfalten konnte – jene Art von Neuanfang sah, von dem ihr Denken jetzt durchdrungen war und der sich schon in den letzten Worten von *The Origins of Totalitarianism* andeutete. Sie nannte ihre Studenten »die Kinder« und murmelte manchmal eines ihrer Lieblingszitate von Goethe, eine Zeile aus dem *Faust* über einen aufgeweckten Schüler.

›The Crisis in Education‹ ist ein tief empfundener und liebevoll geschriebener Artikel. Seine Argumentation geht dahin, daß die amerikanische Erziehung bei dem lobenswerten Versuch, Kinder nicht unter Druck zu setzen und ihnen keine Ideen aufzuzwingen – ein Versuch, der aus dem amerikanischen Glauben an Freiheit resultiert – ins andere Extrem verfallen sei und es den Kindern schwer gemacht habe, überhaupt erwachsen zu werden. Paradoxerweise habe das den Kindern gewährte größere Maß an Freiheit ihre spätere Freiheit als Erwachsene verringert. Ihnen von Anfang an ein Maximum an Freiheit geben zu wollen, habe sie auf eine »Welt der Kinder«[3] eingeengt, aus der Erwachsene praktisch ausgeschlossen seien. Wenn diese aber anwesend seien, beanspruchten sie keine Autorität, nicht einmal die einfache Autorität, mehr als Kinder zu wissen. (Oft wissen sie tatsächlich nicht viel mehr.) Ein Kind, dem so der Zutritt zur Welt der Erwachsenen untersagt sei, habe wenig Möglichkeiten »zu rebellieren oder etwas auf eigene Faust zu tun«.[4] – Im Gegenteil, es lasse sich wahrscheinlich von der Mehrheit der anderen Kinder tyrannisieren und ende schließlich als Konformist, wenn nicht gar als Delinquent.[5]

Kinder brauchen, so erklärt Hannah Arendt, keinen Schutz vor der Welt, um sich entwickeln zu können. Man muß sie vielmehr ständig und gründlich in das von Erwachsenen geschaffene und bewohnte Reich, für das sie eines Tages selbst die Verantwortung übernehmen müssen, einführen. Da dieses Reich alt – »immer älter als sie selbst«[6] – ist, wird ihr Lernen notwendigerweise ein Kennenlernen der Vergangenheit zur Folge haben. »Die Funktion der Schule besteht darin, die Kinder zu lehren, wie die Welt aussieht.«[7] Denn nur, wenn sie über dieses Wissen verfügen, werden sie die Freiheit entdecken, die Welt neu zu gestalten. Hannah Arendts Vision, mit der wir inzwischen recht gut vertraut sind, kommt auch in den Schlußworten des Artikels, in denen sie ihre Argumentation zusammenfaßt, deutlich zum Vorschein. »Und in der Erziehung entscheidet sich auch, ob wir unsere Kinder genug lieben, um sie weder aus unserer Welt auszustoßen und sich selbst überlassen, noch ihnen ihre Chance, etwas Neues, von uns nicht Erwartetes zu unternehmen, aus der Hand zu schlagen, sondern sie für ihre Aufgabe der Erneuerung einer gemeinsamen Welt vorzubereiten.«[8]

Dieses menschliche Ideal, unsere Welt, in die hinein wir geboren werden, mit vollem Verstehen zu ererben und sie in gemeinsamer Arbeit von Generation zu Generation neu zu schaffen, liegt auch dem Essay ›The Crisis in Culture‹ zugrunde, den Hannah Arendt kurz nach ›The Crisis in Education‹ schrieb. Hier sieht sie die volle Freiheit des Menschen durch die Vorherrschaft einer Kultur in der modernen Welt bedroht, die von den Ansprüchen der Massengesellschaft geprägt ist. Arendt beginnt ihren Artikel indirekt, mit einem Seitenhieb auf den Mißbrauch der Kunst durch die bürgerliche Gesellschaft, die sich für die Kultur häufig nur ihres snobistischen Wertes wegen interessiere. Doch selbst jene Gesellschaft habe, obgleich sie »kulturelle Dinge zu sozialen Gebrauchsartikeln abwertete, [...], diese nicht völlig ›konsumiert‹. Selbst in ihren verbrauchtesten Formen sind diese Dinge immer noch Dinge geblieben und haben einen gewissen objektiven Charakter behalten. Sie haben sich aufgelöst, bis sie wie ein Haufen Schutt aussahen, aber sie sind nicht verschwunden.«[9] Die Massengesellschaft wolle jedoch lediglich konsumieren – da haben wir das alte *animal laborans* –, und ihre Kultur sei schließlich zu reiner Unterhaltung degeneriert. Mit Unterhaltungsprodukten vertreibe man sich nur die Zeit, »die übrigbleibt, wenn Arbeit und Schlaf ihren Anteil bekommen haben«.[10] Ihre Qualität werde nicht an den Kriterien von Kunstgegenständen gemessen, nämlich »an der Fähigkeit, dem Lebensprozeß zu trotzen und zum dauerhaften Bestandteil der Welt zu werden, [...]. Sie sind Konsumgüter und wie alle anderen Konsumgüter dazu bestimmt, verbraucht zu werden.«[11]

Diesem Bild stellt Hannah Arendt die nach ihrer Sicht wahre Beziehung zwischen Kunst und Kultur gegenüber, die in Wirklichkeit etwas mit dem Handeln des freien Menschen in der Politik gemeinsam habe. Dieser müsse eine Wahl treffen und sich in einer realen, resistenten, objektiven Welt für das richtige Vorgehen entscheiden, sei sich manchmal mit seinesgleichen einig, manchmal aber auch nicht. Die wahre Beziehung zur Kunst sei gleichfalls eine Sache des gemeinsam mit den Mitmenschen gemachten Unterscheidens und Entscheidens. Man müsse jene Objekte künstlerischen Schaffens auswählen, die dauerhafte Schönheit und Wahrheit zu verkörpern scheinen, Objekte, die dazu beitragen, eine wünschenswerte menschliche Welt zu schaffen und zu erhalten.

An dieser Stelle nähert sich Hannah Arendt am stärksten ihrer Argumentation über den Sinn der Erziehung in ihrem anderen Essay an. Auch ›The Crisis in Culture‹ schließt mit inspirierenden Worten: »Dieser Humanismus [...] ist das Ergebnis einer Haltung, die es versteht, die Dinge der Welt zu erledigen, zu bewahren und zu bewundern. [...] wir mögen uns daran erinnern, wie sich die Römer – das erste Volk, das Kultur so ernst nahm wie wir – einen kultivierten Menschen vorstellten: als jemanden, der seinen Umgang zu wählen weiß, bei Menschen, bei Dingen, bei Gedanken, in der Gegenwart wie auch in der Vergangenheit.«[12]

7

1961 – 1963:
Der Eichmann-Prozeß

Im Jahre 1958, als *The Human Condition* erschien, wurde
endlich auch *Rahel Varnhagen* veröffentlicht – also fast
zwanzig Jahre nach der Fertigstellung des Buches. Es
kam zuerst in Großbritannien heraus, und eine deutsche
Ausgabe folgte 1959 (es sollte allerdings noch bis 1974
dauern, ehe das Werk in den Vereinigten Staaten publiziert wurde). 1961 erschienen Arendts Essays über Bil-
dung und Kultur, zusammen mit vier weiteren Essays,
die sie für verschiedene Zeitschriften geschrieben hatte;
dieses Buch trug den Titel *Between Past and Future: Six
Exercises in Political Thought*.

Hannah Arendts Vorwort zu diesem Essay-Band enthielt auch eine Passage über den ›Schatz‹, den die Solda-
ten der französischen Widerstandsbewegung entdeck-
ten: Dieser Schatz war die Tatsache, daß der Kampf
gegen die Nazis sie ihrer Masken beraubte und sie erkannten, wer sie wirklich waren – eine echte existentialistische Entdeckung; und daß sie, wie Arendt es formulierte, begannen, zwischen sich selbst diesen öffentlichen
Raum zu schaffen, wo die Freiheit in Erscheinung treten
konnte, statt in der schwerelosen Bedeutungslosigkeit
eines Privatlebens gefangen zu sein, das sich nur um sich
selbst drehte. Arendt stieß auf eine Bemerkung des französischen Dichters René Char über das Leben in der fran-

zösischen Widerstandsbewegung, die diese letzte Idee treffend und wunderschön illustrierte: »Bei jedem Mahl, das wir zusammen einnehmen«, so schrieb Char, »wird der Freiheit ein Platz bei Tisch eingeräumt. Der Stuhl bleibt leer, aber der Platz ist besetzt.«

Wie üblich verbanden sich Ideen aus einem Werk mit Ideen aus einem ihrer anderen Werke, an denen Hannah Arendt zur gleichen Zeit schrieb. Diese Passage steht in engem Zusammenhang mit dem Hauptthema ihres Buches *On Revolution*, das sie inzwischen praktisch vollendet hatte. Der Hinweis auf die französische Widerstandsbewegung weist auf ihr neues Projekt voraus, das sich Arendt ganz plötzlich ausgedacht und schnellstens in die Wege geleitet hatte. Sie wollte nämlich für den *New Yorker* einen Bericht über den Prozeß gegen Adolf Eichmann schreiben, der im April 1961 beginnen sollte.

Eichmann war unter Himmler Gestapo-Offizier im Hauptquartier für Reichssicherheit gewesen – kein Offizier von hohem Rang (er brachte es nie weiter als bis zum Oberstleutnant), aber in der Abteilung, die mit Staatsfeinden zu tun hatte, oblag ihm die Verantwortung für alle Juden. In der Praxis bedeutete dies, daß er die Massendeportationen und ›Evakuierungen‹ organisierte, aufgrund derer die Juden nach Kriegsausbruch direkt in die Vernichtungslager wanderten. Agenten des jüdischen Geheimdienstes hatten ihn im Mai 1961 in Buenos Aires entführt und zurück nach Israel geflogen, wo man ihn wegen Kriegsverbrechen sowie Verbrechen gegen das jüdische Volk und wider die Menschlichkeit vor Gericht stellte.

Hannah Arendt war bei den Nürnberger Prozessen gegen Nazi-Kriegsverbrecher nicht zugegen gewesen und hatte das Gefühl, es sei angesichts ihrer zahlreichen Bemerkungen zum Nazismus eine unerwartete Gelegenheit und auch eine Verpflichtung für sie, dem Eichmann-

Prozeß beizuwohnen und sich selbst ein Bild von Eichmann zu machen. Ihre Entscheidung, nach Israel zu reisen und über Eichmann zu berichten, stürzte sie in die
tiefste Kontroverse ihres Lebens, eine Kontroverse, aufgrund derer sie viele Freunde verlor und sich viele Feinde
schuf. Inwieweit sie dies schon ahnte, als sie nach Israel
abreiste, ist schwer zu sagen. Doch hätte sie es geahnt, so
hätte sie das trotzdem bestimmt nicht zurückgehalten.

Von Beginn an mißbilligte sie die Motive, die den is-
raelischen Premierminister David Ben-Gurion veranlaßt
hatten, Eichmann zu entführen und einem Schauprozeß
auszusetzen. Sie war sich aufgrund von Ben-Gurions Er-

Adolf Eichmann während eines Verhörs

klärungen vor dem Prozeß und nach der Eröffnungsrede des Anklägers, Gideon Hausner, sicher, daß der Prozeß der gesamten Welt zweierlei beweisen sollte: Wie sehr nämlich die Juden im Verlauf der Geschichte hatten leiden müssen und wie entschlossen Israel war, der Welt zu verdeutlichen, daß es das nicht noch einmal zulassen würde. Dahingehend hatte sich Ben-Gurion praktisch geäußert, als er erklärte, der Prozeß würde die jungen Juden »die höchst tragischen Fakten in unserer Geschichte, ja die höchst tragischen Fakten der Weltgeschichte« lehren; »die Juden sind keine Schafe, die man abschlachten kann, sondern ein Volk, das es versteht zurückzuschlagen«.

Arendt gefiel dieser Ton im Vorfeld des Prozesses überhaupt nicht – weder die Rhetorik des Selbstmitleids und der Aggressivität, die sie in der Vergangenheit als für Juden unwürdige und unangemessene Haltungen kritisiert hatte, noch die Andeutung, das Ergebnis des Prozesses stünde von vornherein schon fest (selbst wenn dem so war). Doch mit der Zeit sollte sie großen Respekt für die Richter empfinden, die sich streng an die entscheidende Frage hielten, was nämlich Eichmann tatsächlich verbrochen habe.

Als Arendt schließlich ihren Bericht über den Prozeß abfaßte, stellte sie Eichmanns Verantwortung für den Tod unzähliger Juden nicht in Abrede, und sie ließ auch keinen Zweifel daran, daß er für seine Verbrechen gehängt werden sollte. Allerdings hatte sie weitaus komplexere Vorstellungen von der Rechtmäßigkeit des Gerichts und der Rechtfertigung der Todesstrafe, als man sie je im Gerichtssaal zu hören bekam. Arendts Interesse konzentrierte sich auf zwei Punkte, die für die Rechtsfrage eigentlich von nebensächlicher Bedeutung waren; doch gerade mit diesen beiden Punkten erregte sie so großen Anstoß.

Das wirklich Bemerkenswerte an ihren fünf Artikeln im *New Yorker* und an dem darauf basierenden Buch mit dem Titel *Eichmann in Jerusalem* war, welches Bild sie von dem Menschen Eichmann zeichnete. Arendt war höchst erstaunt, als sie ihn zu Gesicht bekam und sprechen hörte. Die Presse und der Ankläger hatten ihn als krankhaften Judenhasser, als brutalen Sadisten und als depraviertes Ungeheuer dargestellt. Als sie ihn sah, kam sie schon nach kurzer Zeit zu der Überzeugung, daß er nichts von alledem war. In gewisser Weise war er – in Anbetracht dessen, was er getan hatte – weitaus schrecklicher: Er war ein schwacher und feiger Trottel.

Eichmann war aber nicht etwa verrückt, sondern sich der Tatsache sehr wohl bewußt, daß er eine riesige Anzahl Juden in den Tod geschickt hatte. Er hatte jedoch völlig die Fähigkeit verloren, zwischen Gut und Böse zu entscheiden, und war noch immer sichtlich stolz, ein so treuer Diener Hitlers und der anderen Nazi-Größen gewesen zu sein. »Aus einer bedeutungs- und sinnlosen Allerweltexistenz hatte ihn der Wind der Zeit ins Zentrum der ›Geschichte‹ geweht, wie er es verstand, nämlich in die ›Bewegung‹, die niemals stillstand und der jemand wie er – eine gescheiterte Existenz in den Augen der Gesellschaft, seiner Familie und deshalb auch in seinen eigenen Augen – noch einmal von vorne anfangen und schließlich es doch noch zu etwas bringen konnte.«[1] Hitlers Erlässe betrachtete er noch immer als unumstrittenes Gesetz, und er ärgerte sich auch nach wie vor über Kollegen, die ihm Schwierigkeiten bereitet hatten, wenn er seine ›Evakuierungen‹ und ›Auswanderungen‹ zu organisieren versuchte. Er war auch immer noch dazu imstande, unter solchen Euphemismen oder Klischees jegliches Gefühl für die Ungeheuerlichkeit seiner Taten zu begraben. Diese Klischees hatten ihm die Nazi-Oberen geliefert, und er hatte sie rechtens und dankbar angenommen. Jeden moralischen Zweifel, der sich in ihm beim Gedanken an die Tötungen tatsächlich geregt hatte, hatte er als Unbehagen, mit dem er sich abfinden mußte, akzeptieren gelernt – als eines der notwendigen Opfer, die man bringen mußte, wenn man ein loyaler Diener Hitlers sein wollte. Was den Antisemitismus anging, so hatte er den Juden gegenüber nie feindselige Gefühle gehegt; die wenigen Juden, die er überhaupt gut kannte, hatte er gern gemocht. Die Tatsache, daß es sich um Juden handelte, die zu ›deportieren‹ er die Pflicht hatte, war für ihn bedeutungslos, war eine Angelegenheit für seine Vorgesetzten. Er hatte es schlicht nie für notwendig gehalten, über diese Dinge nachzudenken. Er ließ sich immer noch von Klischees so leicht aufmuntern und trösten, daß er – nach seiner offiziellen Erklärung, als nichtchristlicher Nazi glaube er nicht an ein Leben nach dem Tode – kurz vor seinem Erhängen sagen konnte: »In einem kurzen Weilchen, meine Herren, *sehen wir uns ohnehin alle wieder.* Das ist das Los aller Menschen. Gottgläubig sterbe ich. [...] Es lebe Deutschland. Es lebe Argentinien. Es lebe Österreich. Das sind die drei Länder, mit denen ich am engsten verbunden war. *Ich werde sie nicht vergessen.*« Arendts Kommentar dazu lautete: »Sein Gedächtnis, auf Klischees und erhebende Momente eingespielt, hatte ihm den letzten Streich gespielt: er fühlte sich ›erhoben‹ wie bei einer Beerdigung und hatte vergessen, daß es die eigene war.«[2]

Dieses Phänomen bezeichnete Hannah Arendt in ihrer weltberühmten Formulierung als »die Banalität des Bösen«, und dieser Ausdruck ging auch in den Untertitel ihres Buches ein: »Ein Bericht von der Banalität des Bösen«. Es ist nur zu gut zu verstehen, daß sich viele Juden von dieser Vorstellung zutiefst verletzt fühlten, denn man konnte sie sehr leicht dazu verwenden, die Bedeutung ihrer Leiden herabzuspielen. Meiner Meinung nach fiel Arendt jedoch in diesem Punkt einem häufigen und ernsten Mißverständnis zum Opfer. Wenn sie behauptete, Eichmann sei kein Ungeheuer, so hieß das noch lange nicht, daß der Völkermord der Nazis nicht ungeheuerlich war. Das gesamte Lebenswerk Hannah Arendts bezeugt, wie sehr sie sich der Ungeheuerlichkeit des Nazismus bewußt war. Sie wollte sich jedoch der historischen Wahrheit stellen, und sie wollte auch, daß sich das jüdische Volk und die übrige Welt dieser Wahrheit stellten und sie begriffen. Denn das Begreifen war – darin war sie sich sicher – der erste Schritt, um zu verhindern, daß etwas Ähnliches jemals wieder geschehen könnte. Ihr Interesse hatte sich vom »radikalen Bösen«, das, wie sie es beschrieben hatte, den Kern des Totalitarismus bildete, zum banalen Bösen, dem wichtigen Instrument des Totalitarismus, hin verlagert – einem Bösen, für das Eichmann nur als einer von Tausenden, ja von Millionen Nazis und ihrer still ergebenen Anhängerschaft in Deutschland stand. Das war eine Art des Bösen, gegen das sich die Menschheit durch Selbsterkenntnis wappnen konnte – in der festen Gewißheit, daß es sich um eine Form des Bösen handelte, der jedes Volk verfallen konnte, wenn es nicht wachsam genug war.

Einen Punkt hob Arendt in ihrem Bericht sogar besonders hervor: Der wichtigste Faktor, um Eichmanns Gewissen zu beruhigen, war, daß er niemand sah, nicht einen einzigen, der tatsächlich gegen die Endlösung war. Dies führte sie direkt zu ihrem anderen Argument, das ihr soviel Mißbilligung, ja sogar Haß einbringen sollte: Eichmann bemerkte nicht nur unter den Deutschen keinerlei Widerstand, sondern auch die Juden selbst, die Opfer, fügten sich und nahmen ihr Schicksal hin. In diesem Punkt ist Hannah Arendt vielleicht wirklich etwas zu taktlos vorgegangen. Sie beschrieb die Art und Weise, wie die örtlich angesehenen jüdischen Anführer sowohl in Deutschland als auch in den besetzten Ländern von den Deutschen die Befugnis erhielten, bei der Organisation der Deportation zu helfen; und jüdische Offizielle arbeiteten tatsächlich in vieler Hinsicht mit den Deutschen zusammen. Ihre Motive waren jedoch häufig sehr nobler Art: Sie glaubten beispielsweise, daß es für die Deportierten leichter und hilfreicher wäre und sie diese Qual besser ertragen könnten, wenn jüdische Aufseher sie zu den Zügen geleiteten. Hannah Arendt verurteilte dieses Handeln jedoch aufs allerschärfste: »Die Rolle der jüdischen Führer bei der Zerstörung ihres eigenen Volkes ist für Juden«, wie sie schrieb, »zweifellos das dunkelste Kapitel in der ganzen dunklen Geschichte.«[3]

Einige der Fälle, die sie zitierte, hatten freilich nicht genug Beweiskraft. Sie war sich auch keineswegs der Liebe bewußt, die die Überlebenden für viele der jüdischen Anführer, mochten sie nun leben oder schon tot sein, empfanden. Diese Ergebenheit war besonders stark im Falle des jüdischen Anführers in Deutschland, Leo Baeck, den Hannah Arendt, ohne zu zögern, »den jüdischen *Führer*« nannte (in späteren Ausgaben des Buches strich sie allerdings diese Bezeichnung). Viele Leser hatten vor allem das Gefühl, Arendts Verurteilung lasse echtes Mitgefühl für die Lage vermissen, in der sich die Juden in den späteren Stadien der Nazi-Herrschaft befanden. Arendt zeige auch kein Verständnis für das schreckliche moralische Dilemma, das die Juden zu lösen hatten, oder für die qualvollen Entscheidungen, die sie treffen mußten.

Arendt hätte irgendwelche Ungenauigkeiten in ihrem Buch nicht verteidigt, obwohl sie das Gefühl hatte, daß die meisten ihrer Kritiker den Tatsachen gegenüber gleichgültiger waren als sie selbst. Was sie geschrieben hatte, rechtfertigte sie jedoch hauptsächlich mit derselben Strategie, wie sie ihre Schilderung Eichmanns verteidigt hatte. Sie schreibe die Wahrheit über den Zusammenbruch des menschlichen Geistes, um seine Triumphe zu loben und zu fördern. Sie unterschätze auch nicht die Schwierigkeit des Widerstandes gegen die Nazis. Nur wenige ihrer Kritiker hätten anscheinend eine Passage im ersten Kapitel ihres Buches zur Kenntnis genommen, in der sie eine Frage zitiert habe, die oft im Gericht gestellt wurde: »Warum habt ihr nicht Widerstand geleistet?« Und Arendt merkte dazu an:

Das Gericht bekam von keinem der befragten Zeugen eine Antwort auf die törichten und grausamen Fragen des Staatsanwalts, die er sich leicht selbst hätte beantworten können, etwa bei der Erinnerung an das Schicksal von 425 jungen holländischen Juden, die im Februar 1941 nach dem Kampf einer jüdischen Widerstandsgruppe mit deutschen Sicherheitspolizisten im alten Judenviertel von Amsterdam verhaftet und zunächst nach Buchenwald gebracht wurden, um dann in dem österreichischen Konzentrationslager Mauthausen buchstäblich zu Tode gefoltert zu werden. Durch Monate hin starben sie tausend Tode, und jeder einzige von ihnen hätte allen Grund gehabt, seine Brüder in Auschwitz oder selbst in Riga und Minsk zu beneiden. *Es gibt Schlimmeres als den Tod*, und die SS hat zu allen Zeiten dafür gesorgt, daß ihre Opfer diese Tatsache niemals vergaßen.[4]

Trotzdem lobte Arendt im folgenden viele Beispiele des Widerstandes, unter anderem den Aufstand im Warschauer Ghetto und vor allem die konzertierten Maßnahmen der Dänen. Diese verhinderten während der Besatzung, daß den Juden in Dänemark ein Leid geschah, indem sie die Deutschen hinhielten und die dänische Fischereiflotte einsetzten, um die Mehrzahl der Juden nach Schweden zu schaffen. In Dänemark wichen selbst die deutschen Behörden vor ihrer Aufgabe zurück, und Arendt kommentierte das mit einem sichtlichen Zug der Freude: »Dieses einzige uns bekannte Beispiel von *offenem* Widerstand einer Bevölkerung scheint zu zeigen, daß die Nazis, die solchem Widerstand begegneten, nicht nur opportunistisch nachgaben, sondern gewissermaßen ihre Meinung änderten: [...] Sie waren auf prinzipiellen Widerstand gestoßen, und ihre ›Härte‹ schmolz wie Butter an der Sonne – sie brachten sogar schüchterne Anfänge echten Mutes auf.«[5] Genau das war es, was sie sagen wollte. Ansonsten hat die Geschichte des Sich-Fügens und der Kooperation »den tiefsten Einblick in die *Totalität des moralischen Zusammenbruchs* gewährt, den die Nazis in allen, vor allem auch in den höheren Schichten der Gesellschaft ganz Europas verursacht haben – nicht allein in Deutschland, sondern in fast allen Ländern, nicht allein nur unter den Verfolgern, sondern auch unter den Verfolgten«.[6]

Als sich Hannah Arendt in Jerusalem aufhielt, um über den Prozeß zu berichten, traf sie sich häufig mit ihrem alten Freund Kurt Blumenfeld, der sie vielen führenden Israelis vorstellte. Auf dem Rückweg machte sie in Zürich bei Karl und Gertrud Jaspers Station; und Heinrich Blücher kam ebenfalls nach Zürich, um sie zu begleiten. Dies war sein erster Besuch in Europa, seit Hannah Arendt und er im Jahre 1941 geflohen waren, und es war auch seine erste Begegnung mit Jaspers. Die beiden Männer mochten sich auf Anhieb, und Arendt war erfreut und erleichtert. Blücher und sie begaben sich auf eine Tour durch Italien, wo Blücher einen alten Freund aus Berliner Tagen traf, den Liedermacher Robert Gilbert. Arendt beschrieb diesen Sommer des Jahres 1961 voller Freude als »eine Orgie der Freundschaft«.[7]

Sobald sie wieder in Amerika war, vollendete sie ihr Buch *On Revolution* und begann mit der Arbeit an dem Eichmann-Bericht. Doch es sollten ihr zwei schreckliche Ereignisse bevorstehen. Im Oktober mußte Blücher wegen eines gerissenen Blutgefäßes im Gehirn ins Krankenhaus. Glücklicherweise hatte er sich bis zum Jahres-

Eichmann bei einer Zeugenaussage im Gericht von Jerusalem

ende ohne weitere Nachwirkungen wieder davon erholt. Im März 1962 wurde dann ein Taxi, in dem Hannah Arendt saß, in New York von einem Lastwagen gerammt, und sie erlitt schwere Kopfverletzungen. Zwei Monate konnte sie nicht arbeiten; hinterher trug sie erst einen Schleier und dann eine Augenklappe – sie sah, so meinte eine Freundin von ihr, wie ein Pirat aus.

Die Artikelserie im *New Yorker* erschien im Februar und März 1963, und der Sturm brach sogleich los. Mehrere jüdische Organisationen gaben Erklärungen ab, in denen sie Arendt heftig kritisierten; israelische Anwälte und Politiker verurteilten sie öffentlich. Arendt hatte das erwartet. Es war ihr jedoch nicht klar gewesen, daß sich so viele Leute aus ihrem New Yorker Kreis gegen sie wenden würden. Robert Lowell hat die Reaktion folgendermaßen beschrieben: »Keine Gemeinschaft reagiert sensibler oder gar hypersensibler auf Selbstkritik als die der Juden in New York. Als Arendts *Eichmann*-Buch erschien, beraumten Irving Howe und Lionel Abel, normalerweise verbindliche und liberale Köpfe, ein Treffen an. Dieses Treffen glich einem Prozeß, der Steinigung eines geächteten Familienmitgliedes. Jede spöttische Begeisterung für Arendt, die eingeladen war, jedoch gerade auswärts in Chicago lehrte, wurde mit höhnischem Beifall oder wilden Seufzern des Erstaunens quittiert [...] Alfred Kazin ging gehemmt zum Podium und stammelte: ›Schließlich hat Hannah keineswegs Juden umgebracht.‹ Er verließ das Podium wieder, und man lachte ihn wegen seiner Bedeutungslosigkeit und Absurdität aus.«

Viele Freunde, sowohl Juden als auch Nichtjuden, standen ihr jedoch bei: Mary McCarthy, Hans Morgenthau, Daniel Bell, Bruno Bettelheim, Dwight Macdonald; und auch Karl Jaspers in der weitentfernten Schweiz. Ihre Freundschaft mit Hans Jonas, dem sie seit ihrer Zeit in Freiburg sehr nahestand, erlitt jedoch einen langanhaltenden Bruch, den schließlich Frau Jonas wieder kittete. Arendt war besonders verletzt – und darüber empört –, daß der *Partisan Review* beschloß, eine feindselige Rezension des Buches aus der Feder Lionel Abels zu veröffentlichen. Am allerschlimmsten aber traf sie die Nachricht, daß Kurt Blumenfeld, voller Empörung über sie, in Israel gestorben war. Zu krank, um die Artikel selbst lesen zu können, hatte er sich auf die Schilderungen verlassen, die ihm andere gegeben hatten. Arendt war sich sicher, daß er anders gedacht hätte, als er es offensichtlich zuletzt tat, wenn er sich selbst hätte ein Urteil bilden können.

Eine weitere Veranstaltung verlief jedoch ganz anders. Im Juli sprach Arendt auf Einladung des jüdischen Beraters der Universität, Albert Friedländer, vor jüdischen Studenten in Columbia. Eine riesige Menschenmenge hatte sich in der großen Aula versammelt; draußen saßen Leute auf den Feuerleitern und schlugen gegen die Scheiben, um hereingelassen zu werden. Zeitungsleute und israelische Konsularbeamte bestanden auf ihrem Recht, anwesend zu sein.

Arendt war bei dieser Veranstaltung in ihrem Element und glühte vor Aufregung. Sie redete eine Stunde und beantwortete dann eine weitere Stunde lang Fragen. Leute sprangen auf und beschuldigten sie, mit den Nazis gemeinsame Sache zu machen, doch sie ließ sich überhaupt nicht aus der Ruhe bringen. Präzise und betont kühl bewies sie ihnen, wie sehr sie sich im Unrecht befanden. Einige waren weniger deshalb gekommen, weil sie Arendt feindlich gesinnt waren, sondern weil diese sie durch ihr Buch in tiefe Besorgnis gestürzt hatte. Mehr als die Hälfte der Zuhörer waren junge Studenten, die vollkommen auf Arendts Seite standen. Kühl und zwingend, so beruhigte sie die Wogen der Emotion, die die Aula durchtost hatten. Am Ende bildeten ihre Freunde eine Phalanx um sie herum und geleiteten sie nach draußen. Bei der Veranstaltung selbst hatte sie eine gebieterische Art an den Tag gelegt, hinterher war sie jedoch entspannt und gutgelaunt. Vielleicht hatte sie einen Augenblick lang etwas von dem gespürt, was auch ihre alten griechischen Helden gespürt hatten, wenn sie in der Polis eine Rede hielten.

Die letzte wichtige Kontroverse über Arendts Eichmann-Buch, an der sie sich selbst beteiligte, fand im Januar 1964 in der Zeitschrift *Encounter* statt. Ein alter, teurer Freund, der jüdische Religionswissenschaftler Gershom Scholem, hatte in einem Brief an sie seinem Kummer darüber Ausdruck verliehen, daß sie das jüdische Volk nicht liebe. Dieser Brief wurde zusammen mit Hannah Arendts anschließender Antwort im *Encounter* abgedruckt. Scholem hatte die Bemerkung gemacht, sie sei eine der »Intellektuellen, die aus der deutschen Linken hervorgegangen sind«, und sie hatte das völlig zu Recht abgestritten: »Wenn ich überhaupt aus etwas ›hervorgegangen‹ bin, so aus der deutschen Philosophie«[8] – eine Bemerkung, die man, wie nicht anders zu erwarten, im Verlauf der Kontroverse gegen sie verwendete. Was sie eigentlich betonen wollte, war, daß sie nicht als Linksintellektuelle, sondern als Jüdin zur Politik gekommen war; und sie bestand nun auf ihrem bedingungslosen Judentum. »Für einen Juden«, so hatte sie ihre Bemerkungen eingeleitet, als sie die Aktionen der Judenräte unter den Nazis als »das dunkelste Kapitel« der Geschichte bezeichnete. Sie antwortete auf Scholems Anklage mit dem Hinweis, für sie sei es nicht lediglich eine Frage, die Juden zu »lieben« oder ihnen zu »glauben«, sondern »selbstverständlich gehöre ich zu ihnen, das steht ganz außer Frage«. Sie hatte genau dieselbe Einstellung wie ihre Mutter, als Hannah Arendt noch klein war und in Königsberg lernen mußte, mit antisemi-

151

tischen Bemerkungen in der Schule fertig zu werden. Diese vollständige Zugehörigkeit galt ihr als Rechtfertigung für alles, was sie über den Holocaust geschrieben hatte. Was Israel im besonderen anging, so liebte sie es, wie Mary McCarthy sagte, wie eine Mutter. Die Romanschriftstellerin erinnert sich daran, wie Arendt frühmorgens einmal, während sie zusammen in einem Taxi unterwegs waren, immer wieder die Worte murmelte: »Ich mache mir solche Sorgen um Israel.« Diese Art Liebe lieferte die Erklärung dafür, warum das Versagen der Juden für sie gravierender war als das Versagen all der anderen Völker.

Eine letzte Reihe von Überlegungen zum Fall Eichmann findet sich in einer Rede Hannah Arendts, die später, im Jahre 1964, im Rundfunk der BBC gesendet und im *Listener* abgedruckt wurde. Diese Rede trug den Titel: »Personal Responsibility Under Dictatorship« [Persönliche Verantwortung in einer Diktatur]. Darin entfernte sich Arendt von den speziellen Vorgängen, die sich im Nazi-Deutschland ereigneten, und umriß einige generellere moralische und philosophische Schlußfolgerungen, zu denen sie gelangt war. Sie hob einen Punkt hervor, den sie schon in *Eichmann in Jerusalem* gestreift hatte: Was einige Menschen befähigt habe, sich einer Zusammenarbeit mit den Nazis zu widersetzen, sei eine besondere Art des Denkens und Urteilens gewesen, die sie gehabt hätten. Sie betrachteten Moral nicht einfach als Gehorsam gegenüber Herrschaft und Gesetz – das verleite einen Menschen dazu, bösen ›Gesetzen‹ in einer Diktatur zu gehorchen. »Ihr Kriterium war«, wie sie schrieb, »ein anderes. Sie fragten sich, bis zu welchem Ausmaß sie noch immer im Frieden mit sich selbst würden leben können, wenn sie gewisse Taten begangen hätten; und sie entschieden sich, besser nichts zu tun, nicht weil sich dann die Welt zum Besseren ändern würde, sondern weil sie nur unter dieser Bedingung mit sich selbst weiterleben konnten. Deshalb zogen sie es auch vor zu sterben, als man sie zum Mitmachen zwang. Um es recht grob auszudrücken: Sie weigerten sich zu morden, nicht so sehr, weil sie sich an das Gebot hielten ›Du sollst nicht töten‹, sondern weil sie nicht mit einem Mörder zusammen leben wollten – mit sich selbst.«

Sie schloß ihre Rede mit dem Gedanken, daß diese Art des Denkens und Urteilens – »die Gewohnheit, bewußt mit sich selbst zusammen zu leben, einen stillen Dialog zwischen mir und meinem Selbst zu führen« – nicht nur die Basis für jede glaubhafte Moral sei, sondern eigentlich »allem philosophischen Denken zugrunde liegt«. Ideen wie diese sollten Hannah Arendt schließlich dazu bewegen, in den letzten Jahren ihres Lebens zum reinen philosophischen Denken ihrer frühen Jahre zurückzukehren.

8

1963 – 1970:
Eine echte Revolution

Inzwischen hatten Hannah Arendt und Blücher ihr drittes und letztes Zuhause in New York bezogen, eine Wohnung oben in einem Hochhaus im Riverside Drive am Unterlauf des Hudson. Die Gegend war ruhiger, und die Wohnung bot eine weite, atemberaubende Aussicht auf den Fluß – eine Stätte, die einem Philosophen angemessen sei, wie Helen Wolff meinte. Im Korridor sah sich der Besucher der Vergrößerung einer Fotografie von Kafka gegenüber. Robert Lowell besuchte Hannah Arendt dort häufig am Spätnachmittag, um Nüsse zu knabbern und ihr zuzuhören, wie sie fröhlich und zwanglos plauderte: »In unserer Unterhaltung durchstreiften wir Geschichte, Politik und Philosophie, erfrischten uns aber bald an Klatschnachrichten.« Doch dieser Zwanglosigkeit innerhalb der Wohnung ging bei Lowell immer ein Gefühl der Beklommenheit voraus, wenn er zunächst das Wohnhaus erblickte; es weckte in ihm »die Erregung, das Zögern und die Hilflosigkeit des Eintritts in ein fremdes Land, einen norddeutschen Hafen, die Mietskaserne Kafkas. Die Tristheit und Anständigkeit des Hauses, die ihren [Arendts] wahren Charakter verbargen, betonten auch ihre nicht modische Unabhängigkeit.«

Als Hannah Arendt auf die Sechzig zuging, hatte sie eine neue Ruhe in sich selbst gefunden. Dies war zum

Teil einfach die Folge davon, daß sie das Gesicht des Bösen – Eichmanns Gesicht – in der Anklagebank in Jerusalem aus unmittelbarer Nähe betrachten konnte und es sich als so armselig erwies. Danach schien die Welt zwar nicht weniger schrecklich, aber weniger dämonisch. Auch nachdem sie den Unfall bei der Taxifahrt gehabt hatte, stellte sie in ihrem Denken eine unerwartete Ruhe fest. In einem Brief an Mary McCarthy beschreibt sie, wie sie auf dem Weg ins Krankenhaus wieder zu sich kam: »Als ich [...] erkannte, was passiert war, überprüfte ich meine Glieder und merkte, daß ich nicht gelähmt war und mit beiden Augen sehen konnte; dann prüfte ich mein Gedächtnis – sehr sorgfältig, Jahrzehnt für Jahrzehnt, griechische, deutsche und englische Dichtung; dann Telefonnummern. Alles in Ordnung. Entscheidend war, daß ich einen Augenblick lang den Eindruck hatte, daß es an mir lag, ob ich leben oder sterben wollte. Und obwohl ich den Tod nicht für etwas Schreckliches hielt, dachte ich auch, daß das Leben ziemlich schön sei und daß ich es ganz gern hatte.«[1]

Als im Jahre 1965 die geistlichen Tagebücher von Papst Johannes XXIII. erschienen, rezensierte Arendt sie im *New York Review of Books* und sprach bewundernd von seiner Schlichtheit des Denkens und Sanftheit des Geistes. Der einfache Grundton, auf den sein Geist gestimmt sei, so schrieb sie, sei die Fähigkeit, ohne jeden Geistes- oder Gefühlsvorbehalt zu sagen: ›Dein Wille geschehe‹. Sie zitierte die ihres Erachtens größten Worte, die er auf seinem Sterbebett sagte. Sie erinnern sehr an Arendts eigene Worte, die sie nach dem Unfall gegenüber Mary McCarthy gebraucht hatte: »Jeder Tag ist ein guter Tag geboren zu werden, jeder Tag ist ein guter Tag zu sterben.«[2] Ohne an Christus zu glauben, erkennt sie hier an, dem Christentum verpflichtet zu sein. Das zeigt sich auch in ihren frühen Untersuchungen zu Augustinus, in der überraschenden Passage über die Wichtigkeit des Verzeihens in dem sehr weltlichen Buch *The Human Condition* und in vielen beiläufigen Bemerkungen, die sie im Laufe ihres Lebens Freunden gegenüber machte. Frederick Morgan erinnert sich beispielsweise daran, wie sie anläßlich eines feiertäglichen Lesetreffens, das Mary McCarthy bei sich zu Hause in Maine arrangiert hatte, die Bemerkung fallenließ: »Wenn Jesus Christus nicht der Sohn Gottes war, dann hätte er es sein sollen!« Arendts politische Vision, deren vorrangiges Motiv die Freude des Redens und Handelns in der öffentlichen Welt ist, hat nichts mit christlicher Tradition zu tun. Doch die Vorstellung christlicher Weltabgeschiedenheit verfolgte sie stets bis in die letzten Winkel ihres Denkens und spielte auch in ihrem Privatleben eine Rolle.

Hannah Arendt war jedoch noch nicht im entferntesten mit der Politik fertig; und sie gab auch ihr handlungsreiches Leben nicht auf. Sie machte allerdings mehr Urlaub im Vergleich zu früher, als sie noch jünger war. Sie verbrachte ihn meist in einem Hotel auf dem Lande, das Blücher und ihr gefiel und das in Palenville am Rande der Catskill-Berge nördlich von New York lag. Manchmal fuhr sie auch in die Schweiz. Ihr öffentliches Leben verlief jedoch stürmischer denn je. Ständig hielt sie Vorträge und besuchte Seminare – oder sammelte jetzt Ehrengrade und Ehrentitel. Wenn sie in London Station machte, um sich mit ihrer Stiefschwester zu treffen, besuchte Eva Beerwald sie in ihrem Hotel und hatte das Gefühl, Hannah Arendt sei von ihnen beiden die weitaus Beschäftigtere. Arendt stieg zweimal in London in großen Hotels ab, war dort aber unglücklich, weil kein Tisch für ihre Schreibmaschine vorhanden war. Hinterher wohnte sie immer in einem kleinen Hotel, das ihr einen Tisch zum Arbeiten zur Verfügung stellte. Sie war immer äußerst vergnügt, wenn ihre Stiefschwester und sie zusammen-

Budapest 1956: Ungarische Aufständische auf Posten

saßen und sich Episoden aus ihrer Zeit in Deutschland in Erinnerung riefen. Als Eva Beerwald einmal die Eichmann-Affäre erwähnte, tat Arendt die Sache forsch-fröhlich ab und sagte: »Ach, der Eichmann-Rummel!« Sie war jetzt wohlhabend und auch sehr großzügig, unterstützte karitative Organisationen in Israel – besonders im Krieg von 1967 – und stellte Geld bereit, um bei der Erziehung vieler Jugendlicher, der Kinder noch lebender Verwandter und alter Freunde, behilflich zu sein. Als Eva Beerwald mit ihrer Forderung nach Wiedergutmachung für den Verlust des alten Königsberger Hauses Erfolg hatte, bestand Hannah Arendt darauf, daß ihre Stiefschwester den gesamten Betrag für sich behielt, obwohl auch ihr selbst ein Teil zustand.

Arendts Werk *On Revolution* kam 1963 einige Monate nach dem Eichmann-Buch heraus und stand zwangsläufig etwas in dessen Schatten. Für sie war es jedoch ein sehr wichtiges Buch. Den Aufstand in Ungarn im Jahre 1956 – sie zog es vor, ihn als Revolution zu bezeichnen – betrachtete sie als ein Ereignis, das so viele ihrer Hoffnungen für die Menschen verkörperte. Es war ein Aufstand gegen den Totalitarismus, die erste wirklich weitverbreitete Rebellion gegen den Stalinismus, und es entsprach genau dem, was sie sich unter den Nazis gewünscht hätte.

Es deckte sich auch mit ihrer Vision in *The Human Condition*: Ein ganzes Volk machte einen Neuanfang, handelte gemeinsam in Wort und Tat. Die besondere Form des Aufstandes, daß sich nämlich sofort Arbeiter- und Revolutionsräte bildeten, deckte sich mit ihrer Vorstellung, wie die ideale Alternative zur Regierung durch politische Parteien auszusehen hätte: Solche Räte finden sich in den Revolutionen von 1848, in der Pariser Kommune von 1871 und selbst in den ersten Tagen der Oktober-Revolution 1917 in Rußland.

Der Aufstand in Ungarn wurde niedergeschlagen, doch seine Flammen erhellten, wie Hannah Arendt meinte, zwölf Tage lang die gewaltige Landschaft des Nachkriegstotalitarismus. Es war ein wirkliches Ereignis, dessen Bedeutung nicht von Sieg oder Niederlage abhing, dessen Größe vielmehr in der Tragödie, die sich abspielte, gesichert war – die Art spontaner Revolution, an die die Heldin ihrer Mutter, Rosa Luxemburg, geglaubt hatte und deren Möglichkeit alle, Konservative und Liberale, Radikale und Revolutionäre, bestritten hatten, weil sie nichts als ein schöner Traum sei. Und bis die Russen die Revolution unterdrückten, hatte sie auch geklappt: kein Chaos, kein Verbrechen, kein Fanatismus, zwölf Tage lang nur echte Brüderlichkeit und echte Demokratie. All diese Gedanken legte sie bald darauf im Nachwort zur zweiten Auflage von *The Origins of Totalitarianism* nieder, die im Jahre 1958 erschien.

In ihrem Buch über die Revolution griff Arendt jetzt zwei weitere bedeutende Augenblicke der modernen Geschichte heraus, die der Verkörperung ihrer Vision nahekamen. Zunächst einmal die Französische Revolution: Sie begann mit dem Bemühen, eine Verfassung zu schaffen, die dem französischen Volk Freiheit sichern sollte. Sie endete aber aus Hannah Arendts Sicht damit, daß sich die Rechte der Sansculotten, der Franzosen »ohne Kniehosen«, der Menschenrechte bemächtigten, von denen die Revolutionäre ursprünglich inspiriert waren.[3] Die ersten Führer der Revolution, die Girondisten, interessierten sich vor allem für die richtige Form der neuen Verfassung. Robespierre und den Jakobinern lag jedoch mehr daran, die leidenden Massen zu befreien, als das Volk zu emanzipieren. Und so blieb die Verfassung von 1791 nur ein Stück Papier, deren Kraft von dem gewaltsamen Lauf der Ereignisse zerschmettert wurde, noch ehe sie überhaupt offiziell angenommen war.

Hannah Arendt sah in der Schreckensherrschaft und dem Verschwinden der Freiheit eine direkte Folge der Französischen Revolution. Sie entfernte sich von dem einzigen Ziel einer Revolution, das nach Arendt Aussicht auf Erfolg hatte – das Schaffen neuer Macht durch Menschen, die in Freiheit und Gleichheit gemeinsam Entscheidungen trafen. Die Französische Revolution beschäftigte sich jedoch mit der sozialen Frage, mit den materiellen Bedürfnissen der Masse. Das war aber für Arendt, wie wir bereits festgestellt haben, nicht die eigentliche Domäne der Politik, besonders nicht revolutionärer Politik, und letztere stellte vielleicht für den modernen Menschen die einzig echte Form der Politik dar.

Doch Hannah Arendt fand in der Heimat ihrer Wahl – wie ein schönes Geschenk des Schicksals, möchte man meinen – ein Ereignis, das ihrer Idee einer echten Revolution sehr nahekam: die Amerikanische Revolution, die eine Generation vor der Französischen stattfand. Was sie an dem neuen Amerika, nachdem dieses seine Unabhängigkeit erklärt und sich gegen die britische Herrschaft erhoben hatte, besonders beeindruckte, war die Art und Weise, wie in allen dreizehn Kolonien spontan der Wunsch entstand, Verfassungen zu schaffen. Die Gründungsväter suchten eine amerikanische Verfassung zu entwerfen, die die Freiheit aller Menschen nicht einfach per Gesetzeserlaß schützte, sondern vor allem durch die Trennung und das Gleichgewicht der Gewalten.

Arendt räumte ein, daß die Amerikanische Revolution unter ungleich günstigeren Umständen stattfand als die Französische: Amerika litt nicht unter einer bedrückenden sozialen Frage, da ihm die Not der Massenarmut fremd war, und die Menschen verfügten bereits über große Erfahrung mit der Selbstverwaltung. Sie rebellierten also nicht gegen die absolute Macht, wie sie die französischen Könige gehabt hatten. Trotzdem beschreibt

Arendt entzückt und enthusiastisch den Geist, mit dem die amerikanische Republik gegründet wurde: Die Menschen begannen die Revolution nach gemeinsamer Überlegung und aufgrund gegenseitiger Versprechen.

Arendt spürte, daß die Revolution nicht alle Hoffnungen in Erfüllung gehen ließ, die zu Beginn bestanden hatten. Sie bedauerte besonders – was schon der Gründungsvater Thomas Jefferson getan hatte –, daß die Bürgerversammlungen, die ursprünglich die Triebfeder aller politischen Tätigkeit auf dem Lande und das Gegenstück

Französische Revolution 1789:
›Der letzte Karren der zum Tode Verurteilten‹.
Zeitgenössische Lithographie

zu den Revolutionsräten anderswo waren, nicht in die Verfassung aufgenommen wurden. Arendt glaubte aber trotzdem, daß die Vereinigten Staaten noch immer in vieler Hinsicht dem Geist der Gründungsväter nahestanden. Vielleicht erinnerte sie sich noch an jene Frau, in deren Haus sie nach ihrer Ankunft in Amerika zuerst gewohnt hatte. Wie alle Bücher von ihr stieß auch *On Revolution* auf Kritik; ihre Gegner griffen es wegen seiner irreführenden historischen Analyse oder wegen des Mangels an politischem Realismus an. Das Buch beantwortete jedoch viele der Fragen, die man Arendt hinsichtlich der heutigen Verwendbarkeit ihrer in *The Human Condition* entwickelten Ideen gestellt hatte.

Mitte und Ende der sechziger Jahre erschienen Hannah Arendts Artikel meistens in Zeitschriften, besonders im *New Yorker* und im *New York Review of Books*. Im Jahre 1968 veröffentlichte sie dann einen Band Essays über verschiedene Persönlichkeiten, *Men in Dark Times*. Dieses Buch ist eines ihrer prächtigsten und am leichtesten zu genießenden Werke. Es enthält die bereits an anderer Stelle erwähnten Essays oder Vorträge über Papst Johannes XXIII., Karl Jaspers, Walter Benjamin, Waldemar Gurian und Randall Jarrell sowie Beiträge über den Philosophen Lessing, Rosa Luxemburg, die dänische Erzählerin Isak Dinesen, Hermann Broch und Bertolt Brecht.

In ihrem Vorwort erläuterte Hannah Arendt, was sie mit »finsteren Zeiten« meinte: Das sind Zeiten, wenn Persönlichkeiten des öffentlichen Lebens die Wahrheit über das, was in der Welt geschieht, hinter hochtrabender Verdunkelung und doppelzüngigen Reden verbergen. Sie verwies auf Heideggers Epigramm über solche Zeiten, wonach das Licht der Öffentlichkeit alles verdunkle – sie fand noch immer an allem, was Heidegger an Brillanz zu bieten hatte, Gefallen. Und sie hoffte, daß die Männer und Frauen, mit denen sie sich befaßt hatte, zumindest ein schwaches, flackerndes Licht entfacht hatten, um die Zeitspanne, die ihnen auf Erden gegeben war, zu erhellen.

Wie üblich enthielt das Buch wieder einiges, was in beiden politischen Lagern Feindseligkeit weckte. Dieses Mal war es ihr Essay über Brecht, der ursprünglich im *New Yorker* erschienen war. Arendt bewunderte einige Seiten an Brecht zutiefst und hielt ihn für einen wirklichen Dichter, »der sagen muß, wo andere verstummen, und sich darum hüten muß zu reden, wo alle reden«.[4] Sie glaubte aber, gerade Brechts Mitleid für die Unterdrückten habe ihn zum Bösen verleitet – das klingt wie ein Echo ihrer Gedanken über die Französische Revolution –, denn es habe ihn veranlaßt, zum Lobe Stalins und des Stalinismus zu lügen. Arendt verteidigte jedoch eine Bemerkung, die Brecht gegenüber dem amerikanischen, antistalinistisch eingestellten Schriftsteller Sidney Hook über die Opfer von Stalins Schauprozessen gemacht hatte: »Je unschuldiger sie sind, um so mehr verdienen sie, an die Wand gestellt zu werden.«[5] Nach Arendt hatte der »listige« Bert Brecht gemeint, daß die Schuld dieser unschuldigen Opfer darin bestehe, gegen Stalin keinen Widerstand geleistet zu haben; und sie behauptete, Brecht habe so seine Kritik an Stalin getarnt. Hook war über diese Interpretation erbost, denn nach seiner Überzeugung war Brechts Bemerkung ganz und gar zynisch gemeint und Brecht habe die Erfordernisse der Partei, mochten die Folgen auch noch so grausam und ungerecht sein, allen anderen Erwägungen übergeordnet. Arendt erwiderte darauf, Brecht sei einfach zu gerissen für Hook gewesen.

Arendt kritisierte Brecht allerdings zugleich scharf, weil er, wie sie behauptete, einige Oden an Stalin verfaßt habe. Der englische Brecht-Forscher John Willett bestritt, daß Brecht jemals solche Gedichte geschrieben habe, und Arendt war nicht in der Lage, den Nachweis für ihre

These zu erbringen. Trotzdem behauptete sie steif und fest, sie habe recht und die Gedichte würden existieren.

Hannah Arendt war über die Ermordung von Präsident Kennedy im Jahre 1963 zutiefst erschüttert und bestürzt gewesen. Sie wußte, daß viele Amerikaner das Gefühl hatten, ihr eigenes Land gehe nun »finsteren Zeiten« entgegen. Arendts Vertrauen in die Republik war in den sechziger Jahren trotzdem ungebrochen, und sie widersetzte sich nicht sogleich der amerikanischen Intervention in Vietnam. Erst als sich diese zu einem großangelegten Krieg auszuweiten begann, sprach sie sich offen dagegen aus.

Im Jahre 1966 fand eines der ersten studentischen Sit-ins in Chicago statt, wo Arendt damals gerade lehrte. Die

Bertolt Brecht

Studenten protestierten – in vielen Fällen im Widerspruch zu ihren eigenen Interessen – gegen die Einberufung akademisch nicht so erfolgreicher Studenten nach Vietnam. Diese moralische Rebellion machte auf Arendt großen Eindruck. Sie suchte einige Studenten in dem von ihnen besetzten Gebäude auf und unterhielt sich lange mit ihnen. Sie bewunderte ihren Mut, sagte ihnen aber auch, daß das, was sie machten, ungesetzlich sei, und fügte zum Abschied noch als Spitze hinzu, sie sollten wenigstens das Gebäude sauberhalten, wenn sie schon dablieben! Arendt freute sich auch sehr über die ersten Studentenrebellionen 1968 in Frankreich und in Amerika – Daniel Cohn-Bendit, der »rote Dani«, einer der ersten Studentenführer, war der Sohn alter Freunde aus ihrer Pariser Zeit. Aber sie mißbilligte es, als an der Columbia University die Rebellion von einem Angriff auf die von der Universität betriebene Rüstungsforschung in einen Angriff auf die akademische Freiheit der Universität selbst überging und die Studenten damit drohten, die Universität vom ›Volk‹ übernehmen zu lassen.

Diese Ereignisse und verschiedene öffentliche Diskussionen in New York, an denen sie teilnahm, veranlaßten Hannah Arendt, sich mit der Frage der Anwendung von Gewalt im Verlaufe von Rebellionen und Revolutionen zu beschäftigen. 1970 erschien ein kurzes Werk, *On Violence*, das knappste und feinste Buch, das sie je schrieb. Sie hatte inzwischen Verständnis für das Prinzip des zivilen Ungehorsams und zog sogar in Erwägung, daß das Recht auf gewaltlosen zivilen Ungehorsam als Zusatz in die amerikanische Verfassung aufgenommen werden sollte. In diesem Buch weist sie überzeugend nach, daß die Anwendung von Gewalt in Zeiten der Rebellion letztlich immer sinnlos ist.

Mit neuen Argumenten entwarf Hannah Arendt nun ihren altvertrauten Gegensatz zwischen Macht und Gewalt. Wahre und dauerhafte Macht, so glaubte sie auch weiterhin, zeige sich nur dann, wenn Menschen gemeinsam handeln. Sie zitiert zunächst die These von C. Wright Mills, »aufs höchste gesteigerte Macht ist Gewalt«, um sich dann völlig davon zu distanzieren.[6] Ihre Argumentation besagt, daß Gewalt als Mittel seinen Sinn verliert, wenn Menschen, die ursprünglich einmal einen gemeinsamen Feind bekämpfen wollten, sich nicht mehr einig sind und wenn deshalb Befehle nicht mehr befolgt werden. Alles hänge davon ab, welche Macht − Macht in ihrer Definition des Begriffs − hinter der Gewalt stecke; sonst herrsche nur noch Ziellosigkeit und Chaos. Und sollte Gewalt auch zeitweilig von Erfolg gekrönt sein, wie es natürlich häufig vorkomme, müsse sie sich letzten Endes doch immer einer Form von kollektiver Macht beugen, wenn die Revolution weitergehen solle. Die einzige Alternative bestehe darin, auf Gewalt unaufhörlich Gewalt oder Terror folgen zu lassen. Ihre Schlußfolgerung lautet deshalb: »Die Gefahr der Gewalttätigkeit, selbst wenn sie sich bewußt im Rahmen kurzfristiger Ziele hält, bleibt bestehen. Sie liegt darin, daß, wie man gemeinhin sagt, nicht der Zweck die Mittel, sondern die Mittel den Zweck bestimmen. [...] Die Praxis der Gewalt verändert, wie alles Handeln, die Welt; wo die Reform nicht gelingt, wird das Ergebnis schließlich sein, daß die Welt gewalttätiger geworden ist, als sie es vorher war.«[7]

Hannah Arendt wandte deshalb ihre ganze Beredsamkeit und Überzeugungskraft auf, um die amerikanischen Dissidenten davon abzubringen, Gewalt anzuwenden. Ganz besonders mißbilligte sie Veränderungen, die sich bei der Neuen Linken vollzogen: An die Stelle des Glaubens an Gewaltlosigkeit war nun die Überzeugung getreten, daß Gewalt notwendig sei. Nach Hannah Arendt liefen sie Gefahr, einen Traum in einen Alptraum zu verwandeln.

Der ›Marsch auf Washington‹

Noch bevor sie *On Violence* vollendet hatte, verlor sie jenen Mann des Friedens, der so viele Jahre ihr Mentor gewesen war: Karl Jaspers. Er starb im Alter von sechsundachtzig Jahren im Februar 1969. Hannah Arendt reiste nach Basel, um an der Beisetzung und an der Gedenkfeier teilzunehmen. In ihrer Rede sprach sie von der Notwendigkeit, in Gedanken unser Gespräch mit den Toten, die wir geliebt haben, fortzusetzen. Im Oktober des folgenden Jahres brach Blücher ganz plötzlich zu Hause auf der Couch zusammen und starb an einem Herzinfarkt. Während Hannah Arendt im Licht der Öffentlichkeit gestanden und ihr öffentliches Leben weitgehend ohne ihn gelebt hatte, hatte Blücher ruhig seine Lehrtätigkeit am Bard College fortgesetzt und nie eine Zeile veröffentlicht. Seine große Leistung lag zweifellos in all dem, was er Hannah Arendt an Weisheit und Selbstvertrauen schenkte. Sie fühlte sich nun allein und leer und ging noch lange nach seinem Tode in Schwarz.

Nur wenige Wochen nach Blüchers Tod erhielt sie jedoch einen seltsamen Heiratsantrag, und zwar von dem ungepflegten W. H. Auden, der für sein chaotisches Leben bekannt war. Ich glaube, Isaiah Berlin hatte recht, als er mir gegenüber meinte, dieser Antrag sei eigentlich für Hannah Arendt eine Zumutung gewesen; er glich dem Versuch, sie in eine deutsche Hausfrau zu verwandeln. Natürlich war auch Hannah Arendt über die Idee schockiert, aber sie empfand großes Mitleid mit Auden und bemühte sich, ihm ihr Bedauern und ihre Dankbarkeit auszudrücken. Sie verwandte viel Kraft auf den Versuch, ihn davon zu überzeugen, wie sinnvoll es sei, zwei Anzüge zu besitzen, damit er einen reinigen lassen könne. Doch all ihre Anstrengungen blieben fruchtlos, und Auden trug auch weiterhin nur den einen Anzug. Er starb drei Jahre nach Blücher, und Hannah Arendt schrieb einen liebevollen Nachruf auf ihn im *New Yorker*.

9

1971 – 1975:
Letzte Fragen

Nach Blüchers Tod blieb Hannah Arendt in der Wohnung am Riverside Drive wohnen, weil sie ihn dort stärker vermißte und ihn am besten in Erinnerung behalten konnte. Ihre Freunde waren ihr nun wichtiger denn je, besonders Mary McCarthy und ihr Mann Jim West, mit denen Hannah Arendt lange in Amerika und in Europa Urlaub machte und mit denen sie ständig in Briefkontakt stand. Außerdem schloß sie auch immer noch neue Freundschaften. Uwe Johnson, der als junger deutscher Schriftsteller gerade Amerika besuchte, wurde damals einer ihrer engsten Freunde. Nach ihrem Tode lobte er an ihr die Gabe, mit Freunden völlig aufrichtig zu reden. David Green, der zur selben Zeit wie sie in Chicago lehrte, meinte, ihr inzwischen zerfurchtes Gesicht erinnere ihn an ein Rembrandt-Porträt. Uwe Johnson weiß noch eine andere Geschichte über ihr eindrucksvolles Aussehen zu berichten: Hannah Arendt nahm ihn einmal auf einen Rundgang durch einen vorwiegend jüdischen Teil von New York mit und las für ihn in den Gesichtern der Passanten, aus welcher Ecke Europas sie stammten, was sie beruflich machten oder welche gesellschaftliche Stellung sie innehatten. Anschließend wollte sie gerne wissen, ob man wohl in ihrem Gesicht genauso lesen könne. Darauf erwiderte Johnson: »Ach, Hannah! Hannah! Du hast ein Gesicht wie sieben Synagogen!« – und sie lachte über Johnsons Witz und Aufrichtigkeit.

Mit siebenundsechzig Jahren schien sie nichts von ihrer Energie und Neugierde eingebüßt zu haben. Elisabeth Young-Bruehl, diejenige ihrer Schülerinnen, die später ihre Biographie schreiben sollte, schilderte in einer Radiosendung der BBC ihre Erfahrungen als Hannah Arendts ›Reiseleiterin‹, und zwar anläßlich eines Besuchs, den Arendt im Jahre 1971 London abstattete. Sie hatte den Wunsch, alle möglichen Gebäude mit runden Sitzungssälen zu besichtigen, unter anderem den prunkvollen Kapitelsaal, der der Kathedrale von Wells in Südengland angegliedert ist. Sie wollte sich nämlich die architektonische Verkörperung jener Art von debattierender Demokratie anschauen, an die sie glaubte und die ihrer Meinung nach in der britischen Regierungstradition besonders ausgeprägt ist. Arendt war praktisch auch, wie wir noch sehen werden, bis zu ihrem Todestag in Amerika in politische Kontroversen verwickelt.

In den letzten fünf Jahren ihres Lebens vollzog sie jedoch in ihrem Denken eine Wendung, und zwar weg von politischen Ideen und den Ansprüchen der *vita activa* hin zu den klassischen Anliegen der *vita contemplativa*, jener Kategorie von Fragen, mit denen sie als Studentin in Freiburg ihre philosophische Karriere begonnen hatte. Hans Jonas, ihrem alten Freund aus jenen Tagen, erklärte sie: »Ich habe das Meine für die Politik getan, das reicht; von jetzt an werde ich mich in der mir verbleibenden Zeit mit transpolitischen Dingen beschäftigen.« Sie wollte sich wieder direkt mit Philosophie befassen und fügte zur Bekräftigung einen deutschen Slangausdruck hinzu: »Jetzt geht's um die Wurst.«

Hannah Arendt plante ein Werk, das für das kontemplative Leben genau das leisten sollte, was *The Human Condition* für das tätige Leben des Menschen in der Welt geleistet hatte. Wie dieses Buch sollte auch ihr neues Werk in drei Teile gegliedert sein: »Das Denken«, »Das Wollen« und »Das Urteilen«. Allerdings konnte sie nur noch die beiden ersten Teile, die nach ihrem Tod unter dem Titel *The Life of the Mind* erschienen, abschließen.

Hannah Arendt ging dieses Thema in der ihr eigenen idiosynkratischen Art an. Sie ließ die modernen englischen und amerikanischen Philosophen außer acht, die in scharfer logischer Analyse ihrer Propositionen über die Philosophie des Geistes nachgedacht hatten. Die Kehrseite der Medaille war, daß sie auch kein Interesse an Freud und seinem Bild der menschlichen Natur zeigte. Sie durchforstete jedoch die mittelalterlichen Theologen und die bedeutenden Gestalten der deutschen Philosophie nach Beispielen, die ihrer eigenen Denkweise entsprachen. *The Life of the Mind* ist eher als Quelle interessanter und anregender Ideen anzusehen denn als voll entwickelte philosophische These, die den strengen analytischen Ansprüchen der zeitgenössischen Philosophie standhält.

Hannah Arendt scheint in diesem Werk zwischen zwei Richtungen zu schwanken. Einerseits wollte sie in der Nachfolge Kants, ihres philosophischen Vorgängers in Königsberg, die Behauptung aufstellen, daß echtes Denken nicht nur – nach Art der Naturwissenschaft – im intellektuellen Aufdecken mehr oder weniger verläßlicher Wahrheiten bestehe. Es sei vielmehr ein weitergehendes, stärker meditatives Grübeln über die Natur der Dinge, nicht auf die Praxis gerichtet oder von offensichtlichem Nutzen, jedoch manchmal mit der Kraft ausgestattet, das ganze Sein des Menschen der Weisheit oder der Tugend anzunähern. Andererseits brachte Arendt, indem sie diese These aufstellte, auch ihre Feindschaft gegenüber jenen traditionellen Philosophen – darunter auch den späten Heidegger – zum Ausdruck, die die Ansicht vertraten, Philosophie habe nichts mit Politik und dem tätigen Leben zu tun, sondern entrücke seine Anhänger in gänzlich weltfremde Kontemplation. Diese Thesen stellte sie einem reichen historischen Hintergrund an philosophischen Ideen gegenüber, doch bleiben die strittigen Fragen in diesem Buch unpräzise und ungelöst.

Einige Leser halten jene Teile des Buches für besonders wertvoll, in denen eine klare Verbindung zu Ideen aus ihren früheren Werken zu erkennen ist. Beispielsweise denkt Arendt auch in *The Life of the Mind* weiter über das Argument nach, das sie schon im Zusammenhang mit Eichmann vorgebracht hatte: daß nämlich das Denken, der lautlose Dialog, den man mit sich selbst führt, in Notzeiten der Weg zu einem unabhängigen Urteil und zu moralischem Mut – tatsächliche politische Auswirkungen eingeschlossen – sein könne. Wenn jeder sich, ohne zu denken, durch das mitreißen lasse, was alle anderen tun und glauben, dann würden die, die denken, aus ihrem Versteck gezerrt, weil ihre Weigerung mitzumachen ins Auge falle und dadurch zu einer Form des Handelns werde.

Allgemeiner gesprochen, ist *The Life of the Mind* von einem Gefühl erfüllt, das in Hannah Arendts eigenem Leben direkt auf den Einfluß Heideggers zurückging: ein Gefühl der Ehrfurcht und des Staunens über das In-der-Welt-Sein, und eine Haltung, wie Sheldon Wolin es ausdrückt, »der Verwunderung und Liebe gegenüber der Vielfalt, die im täglichen Leben aufscheint«. Daraus resultiert die Idee, daß Dichtung und Geschichtenerzählen ein angemessener Ausdruck echten Denkens seien. Dieser das gesamte Buch erfassende Aspekt steht unter dem Eindruck von Catos Ausspruch, den Hannah Arendt ans Ende von *The Human Condition* gesetzt hatte. Dort wollte sie an jenen anderen Bereich erinnern, den Bereich des kontemplativen Lebens, der aus *The Human Condition* ausgeschlossen bleibt: »Niemals ist man tätiger, als wenn man dem äußeren Anschein nach nichts tut, niemals ist man weniger allein, als wenn man in der Einsamkeit mit sich allein ist.«[1]

In einer Hinsicht klingen jedoch in *The Life of the Mind* auch wieder Gedanken aus *The Human Condition* an: Überall stoßen wir auf die Andeutung, daß so, wie die Männer in der *polis* zusammenkamen und sich einander durch Rede und Tat im Bereich des Handelns offenbarten, es auch im Bereich des Denkens für sie angemessen sei, sich zusammenzuschließen, um gemeinsam über das Universum nachzudenken. Die Welt der Gedanken ist nicht geheimnisumwoben, sondern steht dem Denken aller Menschen offen. Und dieses Sich-Versammeln ist dem Menschen eigen, nicht aber die Praxis reiner Selbstbeobachtung oder das Nachdenken über eigene private Stimmungen, für das Hannah Arendt bis zum Ende ihres Lebens Verachtung empfand.

Sie arbeitete bereits an *The Life of the Mind*, als sie die Einladung erhielt, im Frühjahr 1973 an der Universität von Aberdeen die Gifford Lectures, eine Vortragsreihe, zu halten. Aus diesem Anlaß bereitete sie den Teil des Buches über das Denken vor. Als man sie bat, im folgenden Jahr die Vorträge fortzusetzen, beschäftigte sie sich mit dem zweiten Teil über das Wollen. Sie konnte jedoch die Vortragsreihe nicht abschließen, denn am Ende des ersten Vortrags erlitt sie einen Herzinfarkt.

Im Sommer 1974 erholte sie sich jedoch bestens, und Mary McCarthy half ihr, diese beiden Teile des Buches in die endgültige Form zu bringen. Später, nach Hannah Arendts Tod, überarbeitete Mary McCarthy beide Teile hingebungsvoll, um sie für den Druck vorzubereiten. Hannah Arendt schrieb nun schon lange auf Englisch, doch sie hatte sich stets bei der letzten »Verenglischung«, wie sie es nannte, der Hilfe anderer versichert. Mary

McCarthy verfaßte einen lebendigen Bericht über ihre Zusammenarbeit, der als Nachwort zu *The Life of the Mind* abgedruckt ist. Darin heißt es: »Sie rieb sich an unserer Sprache und ihren ehrfurchtsgebietenden, geheimnisvollen Regeln. [...] sie bildete nach deutscher Art lange, lange Sätze, die aufgeflochten oder in zwei oder drei Sätze zerlegt werden mußten. [...] Sie bildete nicht nur deshalb schwerfällige Sätze, weil ihre Muttersprache das Deutsche war mit seiner Vorliebe für lange Ketten von Satzteilen und Nebensätzen, die den Weg zum sehnlichst erwarteten Zeitwort so beschwerlich machten, sondern auch deshalb, weil sie zu viel in einen Satz hineinpacken wollte. Die Mischung von Eile und Großzügigkeit war sehr kennzeichnend für sie.«[2] Das Ergebnis war jedoch in all ihren späteren Büchern ein scharfer und unverwechselbarer Stil. Robert Lowell war der festen Überzeugung, daß Hannah Arendt recht daran tat, auf Englisch zu schreiben. Lowell hatte das Empfinden, ihre schönsten Sätze seien »ein Ringen, dann eine Verbindung aus Englisch und Deutsch«, und wenn sie auf deutsch geschrieben und jemand übersetzt hätte, »ihre Frische, ihr Mut und ihre Wirklichkeitsnähe eine Glättung und eine Einbuße in ihrem Leben erlitten hätten«.

Hannah Arendt war eingeladen worden, 1976 nach Aberdeen zurückzukehren, um ihre nicht abgeschlossene Vortragsreihe zu vollenden. Sie überarbeitete nun weiter den Teil über das Wollen und konzentrierte sich auf die – in ihren Augen – Stärken und Schwächen von Heideggers sich wandelnden Ansichten zu diesem Thema. Im Spätsommer 1974 faßte sie den Entschluß, ihn zu besuchen, aber ihre Begegnung verlief enttäuschend, weil Heideggers Frau darauf bestand, während des Gesprächs zugegen zu sein. 1975 suchte sie ihn noch einmal auf und war überrascht, wie alt und taub er in nur einem Jahr geworden war. Tatsächlich sollte er dann auch im

Mai 1976, nur sechs Monate später als Hannah Arendt selbst, sterben. Sie erzählte Mary McCarthy, Altern bedeute nicht, selbst schwächer zu werden, sondern eine Art Abforstung um einen herum zu erleben, da ständig vertraute Gesichter von der Bildfläche verschwanden. Sie suchte in Ciceros Abhandlung über das Alter, *De Senectute*, Trost und kam bezeichnenderweise zu dem Schluß, daß seitdem nichts Vernünftiges über das Altern geschrieben worden sei.

Hannah Arendt war jedoch mit der Politik noch lange nicht fertig. Im Jahre 1971 hatte sie für den *New York Review of Books* einen Artikel mit dem Titel ›Lying in Politics‹ geschrieben. Dabei handelte es sich um eine Besprechung der *Pentagon Papers*, einer siebenundvierzigbändigen Sammlung offizieller Unterlagen zur amerikanischen Entscheidungspolitik in Vietnam. Das Werk enthüllte die lange Geschichte der Öffentlichkeitstäuschung sowie der Selbsttäuschung der Regierung und bewies, wie Propagandisten und Experten zusammenarbeiteten, um im Interesse des Images der amerikanischen Regierung und auch deren Selbstgefälligkeit zuliebe das Wissen um die Vorgänge in Vietnam zu manipulieren. In diesen Zusammenhang brachte Hannah Arendt ihre Erinnerungen an die kollektive Mythenbildung im Nazi-Deutschland ein und beschrieb scharf und verbittert, wie solche Dinge mit stark totalitärem Einschlag auch in Amerika geschahen. Was sie tröstete, war die Tatsache, daß Robert McNamara, der Verteidigungsminister, die Untersuchung selbst in Auftrag gegeben hatte, um aufzudecken, was in Vietnam schiefgelaufen war; und daß dann einer der Autoren das Werk der Presse zugespielt und schließlich die *New York Times* lange Auszüge daraus publiziert hatte, obwohl die Studie damals den Vermerk ›Streng geheim‹ trug. Dies alles hatte letztendlich zur vollständigen Veröffentlichung der Untersuchung geführt, etwas, das – wie

Hannah Arendt in den 70er Jahren

Arendt meinte – wohl nirgendwo anders als in den USA geschehen wäre. Ihr Artikel ist auch in *Crises of the Republic* enthalten, dem letzten zu ihren Lebzeiten erschienenen Buch, das im Jahre 1972 herauskam. Es enthielt außer ›Lying in Politics‹ auch eine revidierte Version des kurzen Buches *On Violence*, ihre Gedanken zum zivilen Ungehorsam und einige weitere Anmerkungen zur Revolution.

In den nächsten zwei oder drei Jahren spürte Hannah Arendt schließlich – wie im übrigen auch viele andere –, daß die »finsteren Zeiten« tatsächlich über Amerika hereingebrochen waren. Der Vietnamkrieg war eskaliert und hatte Kambodscha in den Kreis der Zerstörung mit verwickelt. Im Jahre 1973 zogen die USA letztlich ihre Truppen überstürzt ab und überließen die Verbündeten in Südvietnam ihrem Schicksal. In der Zwischenzeit war die Watergate-Affäre aufgeflogen und Präsident Nixon wegen krimineller Aktionen gegen seine politischen Gegner unter Anklage gestellt worden. 1974 trat er dann von seinem Amt als Präsident zurück.

Das letzte Jahr ihres Lebens verlief für Hannah Arendt hektisch. Im April 1975 reiste sie nach Dänemark, um den Sonning-Preis für Verdienste um die europäische Kultur in Empfang zu nehmen. Im Mai startete sie dann ihren bis dahin schärfsten Angriff auf die Ereignisse, die sie in den letzten Jahren in Amerika hatte miterleben müssen. Man hatte sie eingeladen, anläßlich der Zweihundertjahrfeier Amerikas in Boston zu sprechen, und sie nutzte die Gelegenheit, um eine Rede mit dem Titel ›Home to Roost‹ zu halten. Darin erklärte sie, die USA stünden vielleicht »an einem jener entscheidenden Wendepunkte der Geschichte, die ganze Zeitalter voneinander trennen«. Was ihr besonders am Herzen lag, klang wie eine Fortsetzung ihrer in ›Lying in Politics‹ formulierten Gedanken, daß es nämlich für Amerika unbedingt erforderlich sei, nicht in eine neue Phase der Mythenbildung über Vietnam oder jetzt über Watergate zu verfallen. Wiederum sah sie die Gefahr des Totalitarismus am Horizont heraufziehen.

Die Rede erschien im *New York Review of Books* und wurde überall diskutiert; doch den vielen begeisterten Anhängern standen auch etliche Kritiker gegenüber. Im September, kurz vor Hannah Arendts neunundsechzigstem Geburtstag, griff Nathan Glazer sie in einem ›Hannah Arendt's America‹ betitelten Artikel im *Commentary* scharf an.

Glazer begann seinen Beitrag mit dem einfachen, tief empfundenen Satz: »Hannah Arendt ist unsere Lehrmeisterin« und lobte im folgenden *The Origins of Totalitarianism* und *The Human Condition*. Er vertrat jedoch den Standpunkt, Hannah Arendts jüngster Angriff auf die USA sei oberflächlich, denn diese seien trotz all ihrer Fehler zu Hause und auch im Ausland konsequent für Freiheit und Demokratie eingetreten, und zwar auf eine Art und Weise, die eigentlich Arendts Billigung verdient hätte. Viele der jüngst eingetretenen Spannungen seien, so argumentierte er, gerade aus der Ausweitung der Freiheit entstanden – aus der Schaffung neuer Rechte für Schwarze, Studenten, Kriminelle und Arbeitslose. Glazer war überzeugt, die besten der Massenmedien und die liberale Mehrheit im Kongreß hätten die Nation so gut über die Fakten informiert, daß sie daran gehindert werde, zu Mythen Zuflucht zu nehmen.

Hannah Arendt hatte jedoch New York inzwischen wieder verlassen und verbrachte den Sommer in der Schweiz, und zwar in der Albergo Barbatè im Alpenort Tegna, wo sie zusammen mit Blücher im letzten Sommer seines Lebens gewesen war. Unterwegs erfüllte sie auch ihre letzte Verpflichtung Karl Jaspers gegenüber und sortierte einen Monat lang im Deutschen Literaturarchiv in Marbach als einer seiner Nachlaßverwalter die Briefe aus. Danach stattete sie dann dem betagten Heidegger den schon erwähnten Besuch ab. In der Schweiz führte sie nun ein ruhiges Leben, las »den guten alten Kant« und arbeitete noch immer an *The Life of the Mind*, während zahlreiche Freunde zu Besuch kamen. Elisabeth Young-Bruehl vermittelt uns einen kleinen Eindruck von Arendts geistiger Gelassenheit, wenn sie in dem zu Arendts Gedenken in *Social Research* erschienenen Artikel einen Vorfall aus diesem Sommer berichtete: Die Katze eines Nachbarn hatte ihre Jungen verloren, sie drei Tage lang betrauert und sich dann wieder wie gewohnt verhalten. Hannah Arendt erzählte ihren Gästen von dieser Katze und schloß mit einem Zitat aus der *Ilias*, das sie zuerst auf Griechisch vortrug, nämlich die an den trauernden Priamus gerichteten Worte des Achilles:

Nun laß uns gedenken des Mahles,
Denn auch Niobe selbst, die lockige, dachte der Speise,
Welche zugleich zwölf Kinder in ihrem Hause verloren,
Sechs der lieblichen Töchter und sechs aufblühende Söhne.[3]

Nach Elisabeth Young-Bruehl verraten Hannah Arendts Worte »eine seltsame, tiefreichende Einfachheit, die ihrem eigenen Leben, dem des Priamus und auch dem der Katzen Gerechtigkeit widerfahren lasse«.

Im Oktober kehrte Hannah Arendt in ihre Wohnung am Riverside Drive zurück und veranstaltete eine große Geburtstagsfeier. Danach blieb sie meistens zu Hause und verspürte keine rechte Neigung, sich in einer Gegend auf die Straße zu wagen, die einen großen Zuwachs an Straßenräubereien zu verzeichnen hatte. Am 4. Dezember hatte sie zum Abendessen zwei Gäste zu Besuch. Als sie sich hinsetzte und gerade den Kaffee eingießen wollte, sank sie zurück. Sie hatte einen weiteren Herzinfarkt erlitten und starb kurz darauf, ohne das Bewußtsein wiedererlangt zu haben. In ihrer Schreibmaschine steckte die erste Seite des letzten Teils von *The*

Life of the Mind, auf der lediglich der Titel stand: »Das Urteilen«.

Hannah Arendts Trauerfeier fand wie die Blüchers in der Riverside Memorial Chapel statt und hatte auch eine ähnliche Form, halb weltlich und halb jüdisch. Man sprach für sie das jüdische Trauergebet Kaddisch. Mary McCarthy meinte, daß Hannah Arendt, als sie im Sarg der Leichenhalle lag, »mit den Lidern, die die unergründlichen Augen verbargen, und der edlen, von einer Art Pompadourfrisur bedeckten Stirn gar nicht mehr Hannah Arendt war, sondern die in sich ruhende Todesmaske eines Philosophen aus dem 18. Jahrhundert«. Hans Jonas rief in seiner Rede den dreihundert Trauergästen Hannah Arendt als Freundin in Erinnerung und versuchte, ihr Lebenswerk mit den Worten zusammenzufassen: »Mit ihrem Stil der Forschung und Diskussion setzte sie einen Maßstab, der sicherstellen wird, daß kein billiges Rezept für das menschliche Dilemma Zustimmung findet, solange noch ihr Beispiel in Erinnerung ist.«

ANHANG

Zeittafel

1906	Hannah Arendt wird am 14. Oktober in Hannover geboren.
1910	Sie kehrt mit ihren Eltern, Martha Arendt geb. Cohn und Paul Arendt, in deren Heimatstadt Königsberg zurück.
1913	Der Vater stirbt an den Spätfolgen der Syphilis.
1916 – 1924	Hannah besucht das Mädchengymnasium in Königsberg.
1920	Die Mutter heiratet ein zweites Mal. Hannah Arendt zieht mit ihr in das Haus ihres Stiefvaters, Martin Beerwald.
1924	Externes Abitur.
1924 – 1928	Sie studiert Philosophie, Theologie und Griechisch in Marburg (bei Heidegger und Bultmann), Freiburg (bei Husserl) und Heidelberg (bei Jaspers).
1925	Sie hat mehrere Monate lang mit Martin Heidegger ein intimes Verhältnis.
1926	Sie wechselt an die Universität in Heidelberg und beginnt eine Freundschaft mit dem Philosophen Karl Jaspers.
	Sie begegnet ihrem politischen Mentor, dem Zionisten Karl Blumenfeld.
1929	Hannah heiratet Günther Stern, der unter dem Pseudonym Anders publiziert.
	Sie veröffentlicht ihre Dissertation, *Der Liebesbegriff bei Augustinus.*
1930	Sie beginnt mit der Arbeit an der Biographie *Rahel Varnhagen.*
1930 – 1933	Sie beteiligt sich immer mehr an der jüdischen Opposition gegen die Nazis.

1933	Nach der Machtergreifung Hitlers flieht sie nach Frankreich.
1933 – 1939	Sie arbeitet bei jüdischen Flüchtlingsorganisationen in Paris mit.
1933 – 1943	Hannah Arendt ist Mitglied der World Zionist Organization.
1935	Sie reist nach Palästina.
1936	Günther Stern (Anders) und Hannah Arendt trennen sich. Arendt lernt Heinrich Blücher kennen und lebt mit ihm zusammen.
1939	Hannah Arendt und Günther Stern (Anders) lassen sich scheiden. Hannah Arendt beendet die Arbeit an *Rahel Varnhagen* (erst 1958 veröffentlicht). Martha Arendt verläßt Deutschland und reist nach Paris.
1940	Hannah Arendt heiratet Heinrich Blücher. Sie wird in Gurs (Frankreich) interniert. Walter Benjamin begeht Selbstmord.
1941	Hannah Arendt, Heinrich Blücher und Martha Arendt emigrieren nach New York.
1941 – 1944	Hannah Arendt verfaßt Artikel für den *Aufbau*, eine deutsch-jüdische Emigrantenzeitung in New York.
1944	Ihr erster Beitrag (über Kafka) für die *Partisan Review* erscheint. Hannah lernt einen Kreis von New Yorker Schriftstellern kennen.
1946 – 1949	Sie ist Cheflektorin bei Schocken Books.
1948	Martha Arendt stirbt.
1948 – 1952	Sie ist Geschäftsführerin der Jewish Cultural Reconstruction Organization.
1949 – 1950	Hannah hält sich nach dem Zweiten Weltkrieg zum erstenmal wieder in Europa auf.
1951	Mit der Veröffentlichung von *The Origins of Totalitarianism (Elemente und Ursprünge des Totalitarismus)* wird Hannah Arendt berühmt.
1953 – 1956	Hannah erwirbt die amerikanische Staatsbürgerschaft. Sie hält Vorlesungen und Vorträge an der Princeton University, an der New School for Social Research in New York, an der University of Chicago und am Brooklyn College, New York.
1955	Gastprofessur in Berkeley.

1958	Ihr bedeutendstes Werk *The Human Condition (Vita activa)* erscheint.
	Sie hält die Laudatio anläßlich der Verleihung des Friedenspreises des Deutschen Buchhandels an Karl Jaspers.
1959	Hannah erhält den Lessing-Preis der Stadt Hamburg.
1961	Sie wohnt als Reporterin für den *New Yorker* dem Prozeß gegen Adolf Eichmann in Jerusalem bei.
1963	*Eichmann in Jerusalem* erscheint im *New Yorker* und als Buch. Sie sieht sich heftiger Kritik seitens vieler Juden ausgesetzt. Hannah Arendt verliert viele Freunde.
	On Revolution (Über die Revolution) erscheint.
1963 – 1967	Sie hat eine Professur an der University of Chicago inne.
1967	Hannah erhält den Sigmund-Freud-Preis der Deutschen Akademie für Sprache und Dichtung.
1968	Sie unterstützt Studentenaufstände in Amerika und Frankreich.
1969	Ihr Mentor und Freund, Karl Jaspers, stirbt.
1970	Auch Heinrich Blücher stirbt.
	On Violence (Macht und Gewalt) erscheint.
1973	Hannah hält die sogenannten Gifford Lectures, eine Vortragsreihe an der Aberdeen University, über *Das Denken*.
1974	Während der Fortsetzung der Gifford Lectures über *Das Wollen* erleidet sie einen Herzinfarkt.
1975	Sie erhält den Sonning-Preis der Universität Kopenhagen für ihre Verdienste um die europäische Kultur. Am 4. Dezember stirbt Hannah Arendt an einem zweiten Herzinfarkt.
1978	*The Life of the Mind (Vom Leben des Geistes,* Bd. 1 *Das Denken;* Bd. 2 *Das Wollen)* wird posthum veröffentlicht.
1982	Auch die *Lectures on Kant's Political Philosophy (Das Urteilen. Texte zu Kants Politischer Philosophie)* erscheinen posthum.

Anmerkungen

Soweit sich die in der englischen Originalausgabe nicht belegten Zitate nachweisen lassen, finden sich die bibliographischen Angaben in den folgenden Anmerkungen. Ansonsten sind die Zitate aus dem Englischen bzw. Amerikanischen übersetzt.

In den Anmerkungen werden überwiegend Kurztitel verwendet; die vollständigen Angaben finden sich in der Auswahlbibliographie.

1 *1906–1924: Kindheit und Jugend in Deutschland*

1 Vgl. *Elemente und Ursprünge,* S. 128
2 Ebd., S. 128 f.
3 Ebd., S. 129
4 Reif, *Gespräche,* S. 15 f.
5 Ebd., S. 17
6 Ebd., S. 16 f.
7 Ebd., S. 17
8 Zitiert in *Rahel Varnhagen,* S. 32
9 Vgl. Young-Bruehl, S. 636
10 Das gesamte Gedicht wird zitiert bei Young-Bruehl, S. 77
11 *Sechs Essays,* S. 48
12 Ebd., S. 70

2 *1924–1933: Aus der Abgeschiedenheit in die Politik*

1 Hannah Arendt, ›Martin Heidegger ist achtzig Jahre alt‹, in: Merkur, Heft 10, 1969, S. 895

2   Zitiert bei Walter Biemel, *Martin Heidegger in Selbstzeugnissen und Bilddokumenten*, Reinbek bei Hamburg 1973, S. 33
3   Zitiert bei Young-Bruehl, S. 98
4   *Vita activa*, S. 238
5   Zitate nach Young-Bruehl, S. 108
6   *Rahel Varnhagen*, S. 15
7   Reif, *Gespräche*, S. 22

3   *1933 – 1941: Staatenlos in Frankreich*

1   *Elemente und Ursprünge*, S. 443
2   Ebd., S. 448
3   Ebd., S. 453
4   Ebd.
5   Ebd., S. 461
6   Ebd., S. 461 f.
7   *Benjamin, Brecht*, S. 29 ff.
8   Ebd., S. 35
9   Ebd., S. 18
10 Ebd., S. 43
11 Ebd.
12 Ebd., S. 44
13 Ebd.
14 Ebd., S. 27

4   *1941 – 1951: Ein neues Leben in New York*

1   Zitiert nach Young-Bruehl, S. 281
2   *Sechs Essays*, S. 43
3   Ebd.
4   Vgl. *Elemente und Ursprünge*, S. 73
5   Ebd., S. 217 f.
6   Ebd., S. 219
7   Vgl. ebd., S. 348
8   Ebd., S. 356
9   Ebd., S. 359
10 Ebd., S. 566 f.
11 Ebd., S. 730

5   *1951 – 1958: Vita activa*

1   Zitiert bei Young-Bruehl, S. 335
2   Hannah Arendt, ›Karl Jaspers‹, beigefügt zu: *Karl Jaspers, Wahrheit, Freiheit und Friede,* München 1958, S. 35
3   *Sechs Essays,* S. 66
4   Alle Zitate in: *Vita activa,* S. 118
5   Ebd., S. 120
6   Zitiert bei Young-Bruehl, S. 509
7   Sheldon S. Wolin, ›Hannah Arendt und das Gesetz der Zeit‹, in: Reif (Hg.), *Hannah Arendt. Materialien,* S. 188
8   *Vita activa,* S. 97
9   Ebd., S. 232
10 Ebd., S. 236
11 Ebd., S. 241
12 Ebd., S. 241 f.
13 Ebd., S. 242
14 Jürgen Habermas, ›Hannah Arendts Begriff der Macht‹, in: Reif (Hg.), *Hannah Arendt. Materialien.* S. 287

6   *1958 – 1961: Amerikanische Fragen*

1   *Vita activa,* S. 239
2   Jonas, ›Acting, Knowing, Thinking: Gleanings from Hannah Arendt's Philosophical Work‹, *Social Research,* 14 (1977), S. 25 f.
3   Hannah Arendt, *Die Krise in der Erziehung,* Bremen 1958, S. 8
4   Ebd., S. 11
5   Vgl. ebd., S. 12
6   Nicht in der deutschen Originalfassung, sondern nur in der englischen Version: ›The Crisis in Education‹, in: *Beetween Past and Future. Eight Exercises in Political Thought,* New York 1961, S. 173 – 196, hier: S. 195
7   Ebd.
8   *Die Krise in der Erziehung,* S. 23
9   Hannah Arendt, ›The Crisis in Culture: Its Social and Its Political Significance‹, in: *Beetween Past and Future,* S. 197 – 226, hier: S. 205
10 Ebd.
11 Ebd., S. 206
12 Ebd., S. 225 f.

7 1961–1963: Der Eichmann-Prozeß

1 *Eichmann in Jerusalem*, S. 61
2 Ebd., S. 300
3 Zitiert bei Young-Bruehl, S. 472
4 *Eichmann in Jerusalem*, S. 36
5 Ebd., S. 215 f.
6 Ebd., S. 162
7 Zitiert bei Young-Bruehl, S. 458
8 Ebd., S. 163

8 1963–1970: Eine echte Revolution

1 Zitiert bei Young-Bruehl, S. 460
2 Ebd., S. 461
3 Vgl. *Über die Revolution*, S. 75 f.
4 *Benjamin, Brecht*, S. 84
5 Ebd., S. 83
6 Vgl. *Macht und Gewalt*, S. 36
7 Ebd., S. 79 f.

9 1971–1975: Letzte Fragen

1 *Vita activa*, S. 317
2 *Vom Leben des Geistes*, II, S. 229 f.
3 Homer, *Ilias*, nach der Übertragung von Johann Heinrich Voss, München 1961, 24. Gesang, 601–604, S. 351

Auswahlbibliographie

1. Werke von Hannah Arendt

Der Liebesbegriff bei Augustin. Versuch einer philosophischen Interpretation, Berlin 1929

The Origins of Totalitarianism, New York 1951. In Großbritannien erschien dieses Buch unter dem Titel *The Burden of Our Time*, London 1951. Die zweite, erweiterte Ausgabe mit einem neuen Schlußkapitel über den Aufstand in Ungarn trug in beiden Ländern den Titel *The Origins of Totalitarianism*, New York 1958 und London 1958; dt.: *Elemente und Ursprünge totaler Herrschaft*, Frankfurt 1955

The Human Condition, Chicago 1958; dt.: *Vita activa oder Vom tätigen Leben*, Stuttgart 1960

Rahel Varnhagen: The Life of a Jewess, London 1958; New York 1974 mit dem Untertitel: *The Life of a Jewish Woman*; dt.: *Rahel Varnhagen. Lebensgeschichte einer deutschen Jüdin aus der Romantik*, München 1959

Between Past and Future: Six Exercises in Political Thought, New York 1961; überarb. u. erw. Aufl. 1968. Vier der in diesem Buch enthaltenen Essays erschienen schon als *Fragwürdige Traditionsbestände im politischen Denken der Gegenwart*, Frankfurt a. M. 1957

Eichmann in Jerusalem: A Report on the Banality of Evil, New York 1963; überarb. u. erw. Aufl. 1965; dt.: *Eichmann in Jerusalem. Ein Bericht von der Banalität des Bösen*, München 1964

On Revolution, New York 1963; dt.: *Über die Revolution*, München 1963

Men in Dark Times, New York 1968; deutsche Teilausgabe: *Benjamin, Brecht. Zwei Essays*, München 1971

On Violence, New York 1970; dt.: *Macht und Gewalt*, München 1975

Crises of the Republic, New York 1972

Wahrheit und Lüge in der Politik. Zwei Essays, München 1972. Deutsche Ausgabe des 1967 im *New Yorker* erschienenen Essays ›Truth and Politics‹ und des 1971 im *New York Review of Books* veröffentlichten Artikels ›Lying and Politics‹

Die verborgene Tradition. Acht Essays, Frankfurt a. M. 1976. Sechs dieser acht Essays erschienen bereits vorher: *Sechs Essays*, Heidelberg 1948, Schriften der Wandlung 3

The Life of the Mind, 2 Bde., New York 1978; unvollendetes und posthum veröffentlichtes Werk; dt.: *Vom Leben des Geistes*, München 1979 und *Das Urteilen. Texte zu Kants politischer Philosophie*, München 1985

Zur Zeit. Politische Essays, hg. v. M. L. Knott, Berlin 1986

2. Literatur zu Hannah Arendt

Baumgart, Reinhard, »Mit Mördern leben? Ein Nachwort zu Hannah Arendts Eichmann-Buch«, *Merkur*, 19/5 (1965), S. 482–485

Benedikt, Hans-Jürgen, »Totalitarismus und Imperialismus im Jahre 1967. Fragen an Hannah Arendt«, in: *Weltfrieden und Revolution*, hg. v. H. E. Bahr, Reinbek 1968, S. 95–105

Canovan, Margaret, *The Political Thought of Hannah Arendt*, New York 1974

Enegrén, André, *La Pensée politique de Hannah Arendt*, Paris 1984

Erler, Hans, *Hannah Arendt, Hegel und Marx. Studien zu Fortschritt und Politik*, Köln 1979

Esposito, Roberto (Hg.), *La pluralità irrappresentabile. Il pensiero politico di Hannah Arendt*, Genua 1987

Friedmann, Friedrich Georg, *Hannah Arendt. Eine Jüdin im Zeitalter des Totalitarismus*, München 1985

Habermas, Jürgen, »Hannah Arendts Begriff der Macht«, in: ders., *Philosophisch-politische Profile*, Frankfurt 1981

Heuer, Wolfgang, *Hannah Arendt. Mit Selbstzeugnissen und Bilddokumenten*, Reinbek 1987

–, »Hannah Arendt – Republikanerin gegen die Massengesellschaft«, *Civis*, 3 (1986), S. 68–79

Hill, Melvyn A. (Hg.), *Hannah Arendt. The Recovery of the Public World*, New York 1979

Holthusen, H. E., »Hannah Arendt, Eichmann und die Kritiker«, *Vierteljahreshefte für Zeitgeschichte*, 13/2 (1965), S. 178–190

Kaleb, George, *Hannah Arendt: Politics, Conscience, Evil*, Totowa, N. J., 1983

Krummacher, F. A. (Hg.), *Die Kontroverse. Hannah Arendt, Eichmann und die Juden*, Frankfurt 1964

Laqueur, Walter, »Hannah Arendt: Wie banal war das Böse? Eine historische Kritik einer philosophischen Hypothese«, *Der Monat*, 31/2 (1979), S. 66–73

Mommsen, Hans, »Hannah Arendt und der Prozeß gegen Eichmann«, in: Hannah Arendt, *Eichmann in Jerusalem. Ein Bericht von der Banalität des Bösen*, München/Zürich 1986, S. I–XXXVII

Parek, Bikhu, *Hannah Arendt and the Search for a New Political Philosophy*, Atlantic Highlands 1981

– , *Contemporary Political Thinkers*, Oxford 1982

Penta, Leo Joseph, *Macht und Kommunikation. Eine Studie zum Machtbegriff Hannah Arendts*, Diss. Berlin 1985

Popper, Karl, »Heidegger and Hannah Arendt«, *Times Literary Supplement*, 10. 9. 1982

Reif, Adelbert (Hg.), Gespräche mit Hannah Arendt, München 1976

– (Hg.), *Hannah Arendt. Materialien zu ihrem Werk*, Wien/München/Zürich 1979

Robinson, Jacob, *And the Crooked Shall be Made Straight: The Eichmann Trial, the Jewish Catastrophe, and Hannah Arendt's Narrative*, Philadelphia 1965

Schappes, Morris U., *The Strange World of Hannah Arendt*, New York 1963

Scheffler, Wolfgang, »Hannah Arendt und der Mensch im totalitären Zeitalter«, *Beilage zu Politik und Zeitgeschichte*, 14/15 (1964), S. 19–38

Schirnding, Albert v., »Nachtflüge. Zu Hannah Arendts nachgelassenem Werk ›Vom Leben des Geistes‹«, *Merkur*, 34/3 (1980), S. 282–287

Social Research, 44/1 (1977)

Sternberger, Dolf, »Hannah Arendt – Denkerin der Polis«, in: Eckhard Nordhofen (Hg.), *Philosophen des 20. Jahrhunderts*, Frankfurt 1986, S. 143–158

– , »Vernünftige Erkenntnisse und übermütige. Zum Briefwechsel zwischen Hannah Arendt und Karl Jaspers, *Frankfurter Allgemeine Zeitung*, 3. 12. 1985

Stolte, Dieter, »Der Mensch als handelndes Wesen. Hannah Arendt und die ›Vita Activa‹«, in: Richard Wisser (Hg.), *Politik als Gedanke und Tat*, Mainz 1967, S. 17–27

Suchting, W. A., »Marx and Hannah Arendt's ›The Human Condition‹«, *Ethics*, 73 (1963), S. 47–55

Tolle, Gordon J., *Human Nature Under Fire. The Political Philosophy of Hannah Arendt*, Lanham 1982

Vollrath, Ernst, »Paria und Parvenu. Über Hannah Arendts politisches Denken«, *Frankfurter Allgemeine Zeitung*, 11. 6. 1985

Young-Bruehl, Elisabeth, *Hannah Arendt. For Love of the World*, New Haven/London 1982; dt.: *Hannah Arendt. Leben, Werk und Zeit*, Frankfurt a. M. 1986

Personenregister

HEYNE BIOGRAPHIEN

Die Taschenbuchreihe mit den bedeutenden
Biographien der Großen der Weltgeschichte

Programmänderungen
vorbehalten.

HEYNE BIOGRAPHIEN

Die Großen der Weltgeschichte –
Wissenschaft · Politik · Kultur

HEYNE BIOGRAPHIEN

Die Taschenbuchreihe mit den bedeutenden
Biographien der Großen der Weltgeschichte

Programmänderungen
vorbehalten.

HEYNE BÜCHER

HEYNE BIOGRAPHIEN

*Die Großen der Weltgeschichte –
Wissenschaft · Politik · Kultur*

Programmänderungen
vorbehalten.

**Wilhelm Heyne Verlag
München**